Michael Driever

AUF DEN SPUREN VON ...

KARL MARX & FRIEDRICH ENGELS

REISEFÜHRER

IMPRESSUM

Michael Driever
**Auf den Spuren von Karl Marx und
Friedrich Engels**
erschienen im Reise Know-How Verlag
Peter Rump GmbH,
Osnabrücker Str. 79, 33649 Bielefeld

© Reise Know-How Verlag Peter Rump GmbH
1. Auflage 2020
ISBN 978-3-8317-3272-2

Gestaltung: Kerstin Wakob
Kartografie: Thomas Buri,
Ingenieurbüro B. Spachmüller
Lektorat: Reise Know-How Verlag
Fotonachweis: s.S. 248
Druck und Bindung: mediaprint solutions
GmbH, Paderborn

Printed
in
Germany

Marx-Straße
31-53

rstraße

„Die Philosophen haben die Welt nur verschieden interpretiert; es kommt aber darauf an, sie zu verändern."

Karl Marx / Friedrich Engels (redigiert),
II. These über Feuerbach

Karl Marx (1818 – 1883) und **Friedrich Engels** (1820 – 1895) waren bedeutende Philosophen und Ökonomen, Historiker und Gesellschaftstheoretiker. Doch vor allem waren sie Revolutionäre.

Sie wollten am Sturz der kapitalistischen Gesellschaft mitwirken und organisierten die *Arbeiterbewegung*. *Das Kommunistische Manifest* und *Das Kapital* – wenige Schriften hatten eine solche Wirkung. Sie beeinflussten die Entwicklung von sozialistischen und kommunistischen Bewegungen auf der ganzen Welt.

Der Reiseführer folgt den Spuren der beiden Revolutionäre. Rundgänge mit historischer Einordnung helfen dabei: Wo und wie wuchsen Marx und Engels auf? Wer prägte sie? Wo entstanden *Das Kommunistische Manifest* und *Das Kapital*? Wo traf sich die *Arbeiterbewegung*? Wo hat Marx randaliert? Wo stand Engels auf den Barrikaden?

Die ersten acht Kapitel führen in die Städte, in denen sie lebten: Von den Geburtsorten **Trier** und **Wuppertal** über **Berlin** bis nach **Köln**. Es folgen **Paris**, wo ihre Zusammenarbeit begann, und **Brüssel**. Nach einem Aufenthalt in **Manchester** endet die Reise in **London**, wo beide starben.

Wer wissen will, an welcher englischen Küste die Urne von Engels im Meer versenkt wurde, in welchem Karzer Marx als Student einsaß und welche verwandtschaftlichen Beziehungen der Autor des *Kapitals* mit dem kapitalkräftigen Großkonzern *Philips* hatte, der wird in **Städte kompakt** fündig. Dort gibt es in kompakter Form Informationen zu weiteren Städten und noch die eine oder andere Merkwürdigkeit zu entdecken.

SEHENSWÜRDIGKEIT

*für besonders
Interessierte*

sehenswert

nicht verpassen

1

Trier

Willkommen in der Stadt der Moselwinzer, willkommen im Trier des 19. Jahrhunderts!

Das zweitausend Jahre alte Trier hatte auch in den letzten Jahrhunderten eine bewegte Geschichte. 1794 zogen französische Truppen in die Stadt ein. Trier gehörte ab 1797 zu Frankreich.

Große Veränderungen folgten: Der *Code civil,* das Zivilrecht Napoleons, stellte alle Männer vor dem Gesetz gleich. Ständische Privilegien wurden aufgehoben. Modernisierungen und die Abschaffung von Zollschranken führten zum Aufschwung. Errichtet wurden ein Theater und ein Landarmenhaus, der Viehmarktplatz und die *Vereinigten Hospitien.* Die Bevölkerung war zum größten Teil katholisch, liberal und demokratisch gesinnt.

1815 änderte sich das Leben der rund 11 000 Einwohner erneut. Trier ging nach dem Wiener Kongress an das konservative Preußen, was die liberale Bevölkerung als Besatzung wahrnahm. Gegenwehr kam selbst aus der gesellschaftlichen Spitze. Auch die Stationierung mehrerer tausend Soldaten führte zu Streitigkeiten. Das Hauptzollamt und das *Casino am Kornmarkt* wurden gebaut. Neu eingeführte Steuern und Zollschranken trafen die Bevölkerung. Fehlende Exportmöglichkeiten führten insbesondere bei den die Region prägenden Moselwinzern zu großer Not. Armut breitete sich aus. Ein erheblicher Teil der Bevölkerung lebte am Existenzminimum. Viele Frauen mussten der Prostitution nachgehen.

gestern

Heute leben in Trier rund 110 000 Menschen, zehnmal mehr als im beginnenden 19. Jahrhundert. Der größte Teil der Bevölkerung ist noch immer katholisch. Bekannt ist die älteste Stadt Deutschlands für den guten Wein und die römischen Bauschätze. Auf kleinem Gebiet finden sich acht UNESCO-Weltkulturerbestätten.

Das gut erhaltene Stadttor *Porta Nigra* ist Triers Wahrzeichen. Die römische Badeanlage *Kaiserthermen* ist eine der Attraktionen. Im *Amphitheater* begeistern die Besucher Musikevents und Gladiatorenaufführungen. Das Stadtbild prägen auch die *Römerbrücke* und der *Hauptmarkt*, mit den um ihn herum gruppierten Gebauden unterschiedlicher Stilrichtungen. Der *Trierer Dom*, mit der Reliquie *Heiliger Rock*, ist eine bekannte Wallfahrtsstätte, die *Liebfrauenkirche* die früheste gotische Kirche in Deutschland. Das *Rheinische Landesmuseum* zeigt den größten jemals entdeckten römischen Goldschatz.

Doch Trier ist noch für etwas anderes berühmt: Hier wurde vor etwas mehr als 200 Jahren Karl Marx geboren. Im Stadtbild sind davon noch viele Spuren erhalten: sein Geburtshaus, das Haus, in dem er aufwuchs, das häufig besuchte *Casino am Kornmarkt*, sein Gymnasium. Das Zentrum von Trier, durch das der Marx-Rundgang verläuft, ist relativ klein. Der Alleenring umgibt die Altstadt als Viereck, die Simeonstraße durchzieht die Innenstadt. Wenn man sich daran orientiert, ist es leicht, sich zurechtzufinden.

Weitere Infos: Reise Know-How City|Trip Trier

Karl Marx in Trier

TRIER WAR FÜR KARL MARX VON GROSSER BEDEUTUNG: HIER VERBRACHTE ER SEINE KINDHEIT UND JUGEND, TRAF PRÄGENDE PERSONEN UND DIE FRAU SEINES LEBENS.

Karl Marx wurde 1818 als Sohn des Anwalts Heinrich Marx und seiner Frau Henriette in einem Wohnhaus an der Brückenstraße geboren.⑤ Heute befindet sich dort ein Museum über sein Leben. Er war das dritte von insgesamt neun Kindern. Ein Jahr nach seiner Geburt zog die Familie in ein Eigenheim auf die Simeonstraße gegen-

Henriette Presburg, später Marx

(1788–1863)
Mutter von Karl Marx

Heinrich Marx

(1777–1838)
Vater von Karl Marx

über der *Porta Nigra*.① Karl Marx lebte dort, bis er 1835 Trier verließ. Bis zu seinem zwölften Lebensjahr unterrichtete ihn sein Vater zu Hause. Ab 1830 ging Karl Marx auf das Gymnasium von Trier.② Fünf Jahre später legte er sein Abitur ab. Der liberale Schuldirektor Johann Hugo Wyttenbach prägte ihn nachhaltig.

Die Familie von Westphalen war mit der Familie Marx befreundet. Sie lebte an der Neustraße.③ Karl Marx und die sehr gebildete Jenny von Westphalen verliebten sich, später heirateten sie. Das aufgeklärte Bildungsbürgertum traf sich im

Johann Hugo Wyttenbach

(1767–1848)
Direktor des Gymnasiums

Casino am Kornmarkt.
Zur *Casino-Gesellschaft*
gehörten Heinrich
Marx, Johann Hugo
Wyttenbach, später
auch Karl Marx.
Ebenfalls dazu gehörte
Ludwig von Westpha-
len, Regierungsrat und
Vater von Jenny. Durch
ihn kam Marx früh mit
klassischer Literatur
und politischen Ideen
in Kontakt. 2018 jährte
sich der Geburtstag von
Karl Marx zum 200.
Mal. Die Stadt Trier
feierte dieses Ereignis
mit verschiedenen
Veranstaltungen und

**Jenny von Westpha-
len, später Marx**

(1814 – 1881)
Frau von Karl Marx

**Ludwig von
Westphalen**

(1770 – 1842)
*Vater von Jenny von
Westphalen*

Aktionen. Zu dem
Anlass wurde auch
der *Karl-Marx-Platz*
in der Nähe seines
Geburtshauses mit ins
Pflaster eingelassenen
Metallbändern mit Le-
bensdaten und Zitaten
neu gestaltet. In der
Stadt wurden zudem
mehrere Ampeln an der
Brückenstraße und am
Simeonstiftplatz mit
Karl-Marx-Ampelmänn-
chen umgerüstet
und die fünfeinhalb
Meter hohe *Karl-Marx-
Statue* am Simeonstift-
platz nahe der *Porta
Nigra* aufgestellt.

*Der Revolutionär
Karl Marx.*

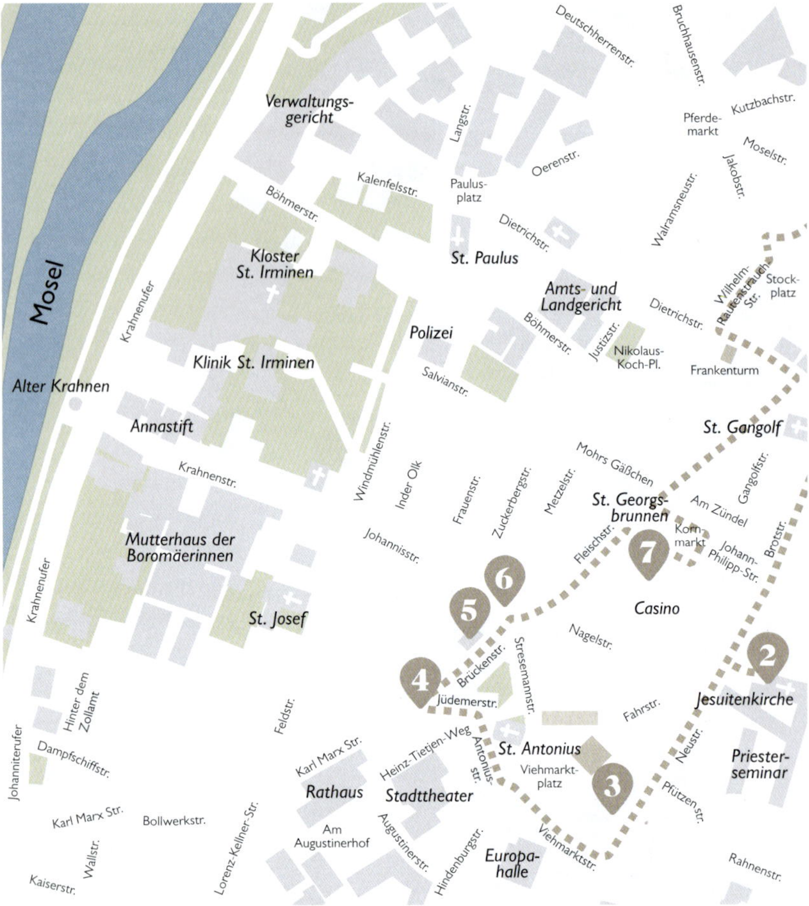

Map labels

Mosel

Verwaltungs-
gericht

Deutschherrenstr.
Bruchhausenstr.
Pferde-
markt
Kutzbachstr.
Oerenstr.
Moselstr.
Jakobstr.
Langstr.
Kalenfelsstr.
Paulus-
platz
Böhmerstr.
Dietrichstr.

Kloster
St. Irminen

St. Paulus

Amts- und
Landgericht

Walramsneustr.
Wilhelm-
Str.
Rautenstr.
Stockstr.
platz
Dietrichstr.

Polizei

Böhmerstr.
Justizstr.
Nikolaus-
Koch-Pl.
Frankenturm

Klinik St. Irminen

Salvianstr.

Alter Krahnen

Krahnenufer

Annastift

St. Gangolf

Krahnenstr.

Windmühlenstr.
In der Olk
Frauenstr.
Zuckerbergstr.
Metzelstr.
Mohrs Gäßchen

St. Georgs-
brunnen

Am Zündel
Gangolfstr.

Mutterhaus der
Boromäerinnen

Johannisstr.

Fleischstr.
Korn-
markt
Johann-
Philipp-Str.
Brotstr.

Krahnenufer

St. Josef

⑤ ⑥

⑦

Casino

Bruckenstr.
Stresemannstr.
Nagelstr.

④
Jüdemerstr.

Fahrstr.

②
Jesuitenkirche

Johannenufer
Hinter dem
Zollamt
Dampfschiffstr.

Feldstr.

Karl Marx Str.
Heinz-Tietjen-Weg
Antoniusstr.
St. Antonius
Viehmarkt-
platz

Neustr.
Priester-
seminar

Rathaus
Stadttheater
Am
Augustinerhof
Augustinerstr.
Hindenburgstr.

③

Pfützenstr.

Karl Marx Str.
Bollwerkstr.
Lorenz-Kellner-Str.
Wallstr.
Kaiserstr.

Viehmarktstr.
Europa-
halle

Rahnenstr.

RUNDGANG DURCH TRIER

DER RUNDGANG IST CIRCA DREI KILO-
METER LANG. ER BEGINNT AN DER
PORTA NIGRA. ⚑ VON DORT GEHT ES
ÜBER DIE SIMEONSTRASSE ZUR ERSTEN
STATION AUF DER LINKEN SEITE MIT
DER HAUSNUMMER 8, DEM *WOHNHAUS
VON KARL MARX.* ⬤

**Wohnhaus von
Karl Marx**

Simeonstraße 8

**Gymnasium
von Trier**

Jesuitenstraße 13

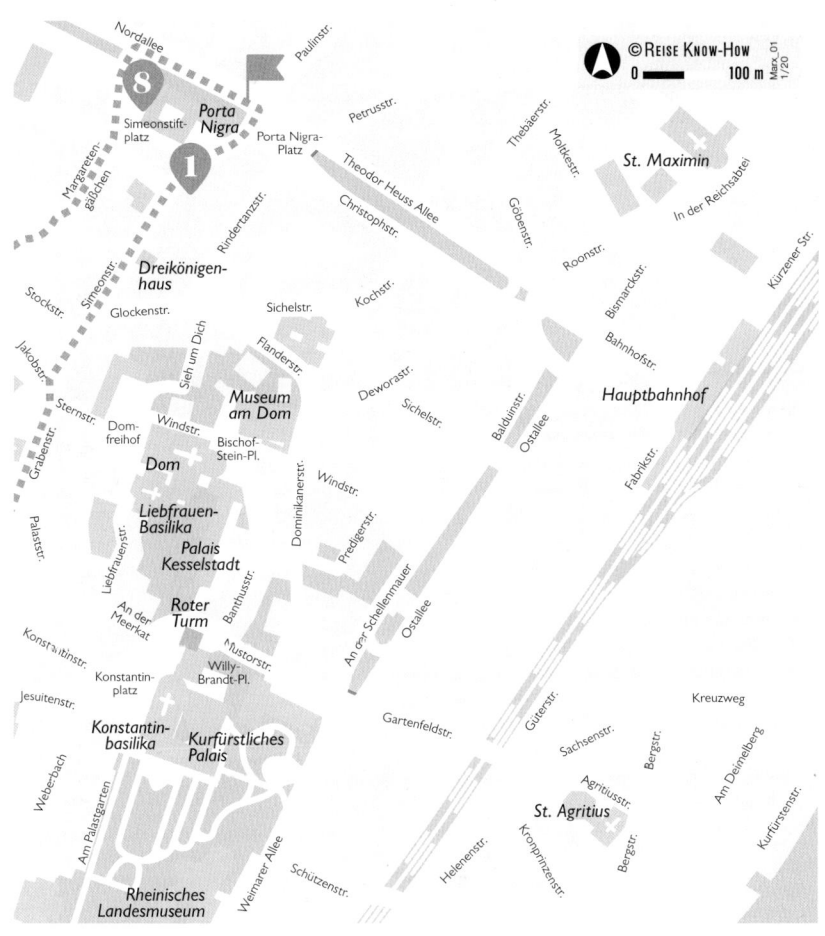

3 **Wohnhaus von Jenny von Westphalen** *Neustraße 83*	**5** **Museum im Geburtshaus von Karl Marx** *Brückenstraße 10*	**7** **Casino am Kornmarkt** *Kornmarkt*
4 **Karl-Marx-Platz** *Kreuzung Jüdemer- / Brückenstraße*	**6** **Karl-Marx-Ampeln** *Brückenstraße 2*	**8** **Karl-Marx-Statue** *Simeonstiftplatz*

Das Haus in der Mitte gehörte der Familie Marx.

IN DIESEM HAUSE WOHNTE
VON 1819 BIS 1835 KARL MARX
GEB. AM 5. MAI 1818 IN TRIER

*Die Plakette befindet sich an der
Fassade über dem Eingang.*

Wohnhaus von Karl Marx

Am 5. Mai 1818 wurde Karl Marx als drittes von neun Kindern in einem Mietshaus auf der Brückenstraße in Trier geboren. ⑤ Nachdem sein älterer Bruder noch im Kindesalter starb, wurde er zum ältesten Sohn von Heinrich und Henriette Marx. Im Oktober 1819 kaufte die Familie dieses barocke Wohnhaus, welches schlichter als das vorherige war. Hier lebte Karl Marx in unmittelbarer Nähe zur *Porta Nigra*, bis er Trier 1835 für sein Studium in **Bonn** (Seite 200) verließ.

Seine Eltern waren nicht vermögend, aber relativ gut situiert. Sein Vater Heinrich wurde 1777 im damals französischen Saarlouis geboren, seine Mutter Henriette 1788 im niederländischen **Nimwegen** (Seite 217). Beide stammten aus jüdischen Familien. Sein Vater, ein studierter Rechtsanwalt und späterer Justizrat, gehörte zum aufgeklärten Bürgertum. Da Juden in Preußen der Zugang zum Justizdienst verwehrt war, konvertierte er zum Protestantismus. Karl Marx und seine Geschwister wurden in dem Wohnhaus protestantisch getauft. Seine Mutter konvertierte einige Jahre später ebenfalls. Bevor Karl Marx ab 1830 auf das Gymnasium ging, ② wurde er im Haus durch seinen Vater unterrichtet. Lesen und Schreiben lernte er vermutlich bei einem Buchhändler in der Nähe.

In der unteren Etage des Hauses befindet sich heute ein Geschäftslokal. Die Fassade schmückt in Erinnerung an Karl Marx eine Plakette.

Im ehemaligen Wohnhaus von Karl Marx verkauft heute ein Euro-Shop seine Ware.

Wie weiter?
Auf dem Schulweg von Marx über Simeonstraße und Brotstraße. Von dort links abbiegen in die Jesuitenstraße.

◎ *Simeonstraße 8, 54290 Trier*

Hier ging Karl Marx fünf Jahre lang zur Schule.

Gymnasium
von Trier

Karl Marx besuchte von 1830 bis 1835 in diesem Gebäude an der Jesuitenstraße das Gymnasium. Das spätere *Friedrich-Wilhelm-Gymnasium* vermittelte eine humanistische Bildung, galt als liberal und aufgeklärt. Dafür war Schuldirektor Johann Hugo Wyttenbach verantwortlich. Das Gymnasium und Wyttenbach waren für die preußische Regierung jedoch Störfaktoren. Ab 1837 stand der Schuldirektor sogar unter Beobachtung der Geheimpolizei. Für Karl Marx war die liberale und demokratische Atmosphäre des Gymnasiums jedoch prägend.

In der Jesuitenkirche im Nebengebäude wurde Karl Marx 1834 konfirmiert.

Wie weiter?

Zurück auf Brotstraße. Von dort weiter über Neustraße zum damaligen Wohnhaus von Marx' Freundin Jenny von Westphalen.

Unterrichtet wurde er unter anderem in Geschichte, Mathematik, Französisch, Altgriechisch und Latein. Eine der frühesten von Karl Marx erhaltenen Schriften ist sein Abituraufsatz *Betrachtung eines Jünglings bei der Wahl eines Berufes*: „Aber wir können nicht immer den Stand ergreifen, zu dem wir uns berufen glauben; unsere Verhältnisse in der Gesellschaft haben einigermaßen schon begonnen, ehe wir sie zu bestimmen imstande sind. Schon unsere physische Natur stellt sich oft drohend entgegen, und ihre Rechte wage keiner zu verspotten." Im Alter von siebzehn Jahren absolvierte Karl Marx das Abitur. Der Notenschnitt war 2,4.

Heute ist in dem Gebäude das *Bischöfliche Priesterseminar* untergebracht. Das *Friedrich-Wilhelm-Gymnasium* zog in einen Neubau an die Olewiger Straße. In Erinnerung an den ehemaligen Schüler Karl Marx findet sich dort eine Plakette.

⊙ Jesuitenstraße 13, 54290 Trier

19

Die Plakette befindet sich an der rechten Seitenwand.

JENNY VON WESTPHALEN

Wohnhaus von
Jenny von Westphalen

Jenny von Westphalen, spätere Ehefrau von Karl Marx, wurde am 12. Februar 1814 in **Salzwedel** geboren (Seite 223). Als sie zwei Jahre alt war, trat ihr Vater Ludwig von Westphalen eine Stelle als Regierungsrat von Trier an. In diesem Haus an der Neustraße wuchs Jenny mit ihrer Familie auf. Die Familien Marx und von Westphalen waren befreundet. Karl Marx und die vier Jahre ältere Jenny kannten sich seit Kindertagen. Jenny war sehr intelligent, gebildet und als das schönste Mädchen von Trier bekannt. Ihre Freundschaft entwickelte sich zu Liebe und einer lebenslangen Partnerschaft. Doch Jenny wurde auch zu einer sozialistischen Gefährtin. Sie korrigierte zudem seine Arbeiten und schrieb sie leserlich ab.

Auch Ludwig von Westphalen spielte eine wichtige Rolle im Leben von Karl Marx. Bei gemeinsamen Spaziergängen und Treffen in diesem Haus machte er Marx mit klassischer griechischer Literatur, Shakespeare und den Gedanken des Frühsozialisten Henri de Saint-Simon vertraut. Saint-Simons Prinzip „Jeder nach seinen Fähigkeiten, jede Fähigkeit nach ihren Leistungen" veränderte Marx später in „Jeder nach seinen Fähigkeiten, jedem nach seinen Bedürfnissen". Ludwig von Westphalen beeindruckte Karl Marx so nachhaltig, dass er ihm seine 1841 an der Universität in **Jena** eingereichte Doktorarbeit widmete (Seite 211).

Heute weist am Haus eine Plakette auf die frühere Bewohnerin Jenny von Westphalen hin.

⊙ *Neustraße 83, 54290 Trier*

Unser Tipp

Ein Abstecher zu den Gräbern von Karl Marx' Vorfahren. Auf dem alten jüdischen Friedhof (Weidegasse 2) liegen seine Großeltern sowie ein Urgroßvater und eine Großtante. Zutritt nur nach vorheriger Anmeldung:
✉ *synagoge.trier @gmail.com*
☐ *0651 9945575*

Wie weiter?

Weiter auf Neustraße, dann rechts in Viehmarktstraße. Von dort über Viehmarktplatz, Antoniusstraße und Jüdemerstraße bis zum Karl-Marx-Platz.

„De omnibus dubitandum" –
„An allem ist zu zweifeln", dieses
Motto schrieb Karl Marx seiner
Tochter Jenny ins Poesiealbum.

"An allem ist zu zweifeln"

Karl-Marx-Platz

Am 5. Mai 2018 war der 200. Geburtstag von Karl Marx. Seine Geburtsstadt Trier feierte dieses Ereignis mit verschiedenen Veranstaltungen und Ausstellungen. Es gab große Landesausstellungen im *Rheinischen Landesmuseum* und im *Stadtmuseum Simeonstift*, eine Sonderausstellung im *Museum am Dom* und eine neu konzipierte Dauerausstellung im *Karl-Marx-Haus.* 5 Das Jubiläumsprogramm umfasste mehrere Hundert Veranstaltungen. Es gab Vorträge, Filmvorführungen, Kongresse und sogar ein Musical über den bedeutenden Revolutionär.

Anlässlich des Geburtstags wurde auch dieser Platz zwischen Jüdemerstraße und Brückenstraße thematisch zu Karl Marx neu gestaltet. Seit der Umgestaltung finden sich hier rote Sitzbänke, Lichtstelen und ins Pflaster eingelassene Metallbänder mit Lebensdaten und Zitaten. „An allem ist zu zweifeln", „Radikal sein ist die Sache an der Wurzel fassen" oder „Das Volk, das ein anderes unterjocht, schmiedet seine eigenen Ketten" ist zu lesen. Anfangs sollte hier auch die *Karl-Marx-Statue* aufgestellt werden. 6 Die Idee wurde jedoch verworfen. Offiziell ist der Platz gar nicht nach Karl Marx benannt. Die Anwohner forderten zwar eine solche Benennung, Politik und Verwaltung lehnten jedoch ab. Der Platz blieb namenlos. Dem zum Trotz hängt dort heute ein blau-weißes Straßenschild mit der Aufschrift *Karl-Marx-Platz*.

Hier startet die einzige Straße Triers, die nach Marx benannt ist. Sie führt allerdings nicht zum Geburtshaus – sondern ins Rotlichtviertel.

Wie weiter?

Ein paar Meter über die Brückenstraße bis zur Hausnummer 10, dem Geburtshaus von Karl Marx.

⊙ *Kreuzung Jüdemerstraße / Brückenstraße, 54290 Trier*

Die Plakette am Karl-Marx-Haus ist ein beliebtes Fotomotiv.

IN DIESEM HAUSE
WURDE AM 5 MAI 1818
KARL MARX GEBOREN

Museum im Geburtshaus
von Karl Marx

In diesem barocken Haus aus dem 18. Jahrhundert
wurde Karl Marx am 5. Mai 1818 geboren. Das Haus
gehörte zu den besseren Wohnhäusern Triers. Die
Familie hatte es kurz vor seiner Geburt gemietet. Nach
eineinhalb Jahren zogen sie in ein Haus nahe der *Porta
Nigra*. 1928 erwarb die SPD das Geburtshaus, um
ein Museum einzurichten. 1933 wurde das Haus von
den Nazis enteignet und als Druckerei verwendet.
Nach dem Zweiten Weltkrieg wurde schließlich das
Museum *Karl-Marx-Haus* eingerichtet.

Zum 200. Geburtstag von Karl Marx wurde das
Haus renoviert und eine neue Dauerausstellung
konzipiert. Die Ausstellung umfasst drei Einheiten zu
Biografie, Werk und Wirkung. Im ersten Teil werden der Mensch Karl Marx und seine Familie anhand
verschiedener Wohnorte dargestellt. Der zweite Teil
zu seinem Werk befasst sich mit den Arbeitsfeldern
Philosophie, Gesellschaftswissenschaften, Ökonomie und Journalismus. Der dritte Teil beleuchtet die
Wirkungsgeschichte seiner Ideen bis in die Gegenwart.
Ebenfalls im Museum zu bestaunen ist sein Lesesessel
aus **London**, in dem er wohl auch gestorben ist. Außen
am Haus ist eine Plakette angebracht, im Eingangs-
bereich gibt es einen Souvenirshop und hinten einen
Garten mit großer Marx-Büste.

*40 000 Menschen
besuchen das Museum
im Jahr – ein Viertel
davon sind Chinesen.
Rund 30 000
weitere Chinesen
kommen für ein
Selfie zum Haus.*

Wie weiter?

*Runter zum Anfang
der Brückenstraße
und den Karl-Marx-
Ampeln.*

⊚ *Brückenstraße 10, 54290 Trier* ⊕ *www.fes.de/museum-
karl-marx-haus* ▯ *0651 970680* ✉ *Karl-Marx-Haus@fes.de*
🕑 *Januar–März: Mo 14–17, Di–So 11–17 Uhr, April–Oktober:
täglich 9–18 Uhr, November–Dezember: Mo 14–17, Di–So
11–17 Uhr, geschlossen: Rosenmontag, 24., 25., 26., 31. Dezember, 1. Januar* ⌕ *Erwachsene: 5 Euro, Ermäßigt:
3,50 Euro, Familienkarte: 9 Euro, Führung: 65 Euro*

Karl-Marx-Ampeln gibt es auch am Simeonstiftplatz.

Karl-Marx-Ampeln

Immer mehr Städte verwenden originelle Ampelsymbole, die thematisch einen Bezug zur Stadtgeschichte haben. Aufgrund der Bergbautradition gibt es in Duisburg Bergmannsampeln mit Helm und Grubenlampe. Hameln zeigt seinen Rattenfänger, Bremen die Tierpyramide der Stadtmusikanten. Die Stationierung von Elvis von 1958 bis 1960 als Soldat in Friedberg führte zu einem tanzenden Ampelmännchen und einem am Mikrofon – je nachdem, ob die Ampel Grün oder Rot zeigt. Bonn präsentiert Beethoven, Worms den Reformator Martin Luther und Mainz die Mainzelmännchen. Otto-Ampeln gibt es in Emden. In Augsburg wird Kasperle gezeigt. Im dänischen Aarhus gibt es sogar Wikinger-Ampeln.

Seit 2018 wird auch der bekannteste Trierer auf diese Weise geehrt. Die ersten *Karl-Marx-Ampeln* wurden am Simeonstiftplatz installiert. Die Ampeln hier an der Brückenstraße folgten kurz darauf. Das Ampelmännchen regelt den Verkehr dabei eindeutig: Bei Rot steht Karl Marx mit ausgebreiteten Armen, bei Grün geht er mit einem Buch unter dem Arm. Der aus Trier stammende Künstler Johannes Kolz verwendete für seinen Entwurf des Ampelmännchens für Karl Marx charakteristische Merkmale wie Bart und Gehrock.

Die Umrüstung der Ampeln ging schnell und günstig. Von der Marx-Figur wurde eine Schablone erstellt. Diese wurde dann einfach zwischen der LED-Lampe und der Milchglasscheibe eingefügt.

Direkt hinter der Ampel steht das Haus Venedig – heute Sitz der Wolf Apotheke, damals Hotel. Hier schlief Karl Marx bei seinen späteren Besuchen in Trier.

Wie weiter?
Über die Kreuzung zur Fleischstraße. Dieser folgen bis zum Kornmarkt.

⊚ *Brückenstraße 2, 54290 Trier*

Heute gibt es im Gebäude mehrere Restaurants.

Casino am Kornmarkt

Das *Casino am Kornmarkt* war im 19. Jahrhundert Treffpunkt des aufgeklärten Bürgertums. Hier fand Triers kulturelles und politisches Leben statt. Die Tanzveranstaltungen waren beliebt. 1825 wurde das Gebäude für die acht Jahre zuvor gegründete *Casino-Gesellschaft* erbaut. Ihr gehörten Personen aus dem Bildungsbürgertum an, wie Heinrich Marx, Johann Hugo Wyttenbach und Ludwig von Westphalen – aber auch preußische Offiziere.

Zwischen den beiden Gruppen kam es immer wieder zu Spannungen. Heinrich Marx hielt 1834 im *Casino am Kornmarkt* eine Ansprache, bei der er indirekt Reformen forderte. Kurz darauf wurden bei einer Veranstaltung die französische Fahne geschwenkt und die französische Nationalhymne angestimmt. Als Folge verließen die preußischen Offiziere die *Casino-Gesellschaft* und das Gebäude musste eine Zeit lang schließen. Auch Karl Marx war hier regelmäßiger Gast. Auf einer Tanzveranstaltung sollen sich die damalige Ballkönigin Jenny von Westphalen und er ineinander verliebt haben.

Nach unterschiedlichen Nutzungen sind heute mehrere Restaurants im *Casino am Kornmarkt* untergebracht. Im großen Saal finden zudem Kulturveranstaltungen, Vorträge und Partys statt.

⊚ *Kornmarkt, 54290 Trier, Bitburger Wirtshaus im Casino*
⊕ *www.wirtshaus-trier.de* ☐ *0651 4361880*
✉ *trier@bitburger-wirtshaus.de* ⓘ *Mo–Do 9–1 Uhr, Fr und Sa 9–2 Uhr, So und Feiertag 9.30–1 Uhr*

Unser Tipp

Bitburger Wirtshaus im Casino: Kleine Pause von dem Rundgang einlegen und dabei ein gutes Essen mit einem frischen Bier genießen.

Wie weiter?

Zurück auf die Fleischstraße. Von dieser links in Dietrichstraße, dann rechts in Wilhelm-Rautenstrauch-Straße. Wieder links auf Jakobstraße und rechts Treviris. Von dort über Margaretengässchen zum Simeonstiftplatz.

Der 5,50 Meter große Marx hat am 5.5. Geburtstag.

Karl-Marx-Statue

Diese fünfeinhalb Meter hohe Bronzeskulptur wurde zum 200. Geburtstag von Karl Marx aufgestellt und am 5. Mai 2018 im Beisein von viel Prominenz aus Trier, Rheinland-Pfalz und dem Bund sowie einer chinesischen Delegation feierlich enthüllt. Die *Karl-Marx-Statue* war ein Geschenk der Volksrepublik China an die Stadt Trier. China bezahlte auch den Transport der Statue und den Sockel. Die Idee führte in Trier zuvor zu einer großen Kontroverse zwischen Befürwortern und Gegnern des Geschenks. Nachdem die Höhe von geplanten über sechs Metern auf fünfeinhalb mit Sockel reduziert wurde, stimmte der Stadtrat zu.

Der chinesische Künstler Wu Weishan erstellte die *Karl-Marx-Statue* über einen Zeitraum von zwei Jahren. Sie zeigt Marx mit einem entschlossenen Blick, die langen Haare und der lange Mantel sollen laut Wu Weishan seine Weisheit zum Ausdruck bringen. Der Künstler ließ Marx nach vorne schauen und ruhig voranschreiten. Zunächst war als Standort der *Karl-Marx-Platz* vorgesehen. Nach einer Vorortbesichtigung durch den Künstler fiel die Wahl aber auf den Simeonstiftplatz.

Nicht weit von hier an der Mosel verabschiedete sich Karl Marx im Oktober 1835 von seiner Familie. Auf einem Flussboot verließ er Trier. Nach zwei Semestern Rechtswissenschaften in **Bonn** (Seite 200) ging er für das weitere Studium nach **Berlin** (Kapitel 3).

Gegenüber der Statue gibt es eine weitere Karl-Marx-Ampel.

Wie weiter?

Über den Simeonstiftplatz zurück zur Porta Nigra.

⊙ *Simeonstiftplatz, 54290 Trier*

2

Wuppertal

Willkommen im *deutschen Manchester*, willkommen im Wuppertal des 19. Jahrhunderts!

Im Tal der Wupper lagen die eigenständigen Städte Barmen und Elberfeld, die im 19. Jahrhundert enorm anwuchsen. Barmen hatte in den ersten vier Jahrzehnten des Jahrhunderts seine Einwohnerzahl auf 40 000 bereits mehr als verdoppelt. In Elberfeld wohnten schon 30 000 Menschen. Der Bevölkerungszuwachs war Folge der starken Industrialisierung, die immer mehr Menschen zur Arbeitssuche hierhin strömen ließ. Nach den Industriestädten in England zählte die Region zu den Pionieren dieser Entwicklung. An der Wupper entstand das *deutsche Manchester*.

Die Anzahl der Baumwollspinnereien und Bleichplätze wuchs rasant. In Barmen und Elberfeld befanden sich während der 1830er Jahre rund zweihundert Fabriken. Die Atmosphäre prägten rauchende Schlote, ätzender Gestank und das verfärbte Wasser der Wupper, in die die Fabrikabwässer geleitet wurden. Die Stadtviertel waren von unterschiedlicher Beschaffenheit – einige in gutem Zustand und gepflastert, die meisten jedoch marode. Die Straßen bevölkerten tausende Weber, Spinner und Färber.

Die zunehmende Konkurrenz aus England verschlechterte die Lage. Die Löhne fielen, die Lebensbedingungen wurden schwieriger. Die Spaltung zwischen Fabrikanten und Arbeitern vertiefte sich. Es gab tausende Gelegenheitsarbeiter ohne festes Einkommen. Große Bevölkerungsteile verelendeten. Armut und Hunger waren verbreitet.

Die beiden ehemals eigenständigen Städte Barmen und Elberfeld wurden 1929 mit weiteren Orten zur neuen Stadt *Barmen-Elberfeld* zusammengeschlossen. Ein Jahr später erfolgte die Umbenennung in *Wuppertal*. Heute leben hier mit rund 350 000 Menschen erheblich mehr als im 19. Jahrhundert.

Wuppertal ist die größte Stadt im Bergischen Land und eine der grünsten Großstädte Deutschlands. Die frühe Industrialisierung ist auch heute noch an zahlreichen Baudenkmälern zu erkennen. In der Stadt finden sich Wohnhäuser der Gründerzeit und Villenviertel. Wuppertals Wahrzeichen ist die *Schwebebahn* – der Wagen, mit dem im Jahr 1900 die Probefahrt stattfand, ist noch immer als *Kaiserwagen* für nostalgische Kaffeefahrten im Einsatz. Stadtbesucher zieht es zum *Tanztheater Pina Bausch*, in den *Zoologischen Garten* oder zur *Historischen Stadthalle*. Bedeutende Gemälde, Skulpturen und Fotografien zeigt das *Von der Heydt-Museum*.

Doch Wuppertal ist auch für ein anderes Ereignis bekannt: Vor rund 200 Jahren wurde Friedrich Engels in der Stadt geboren. Sein Geburtshaus blieb zwar nicht erhalten, Wohnhaus und Grabstätte der Familie gibt es jedoch noch. Der Engels-Rundgang führt einmal durch den Stadtbezirk Barmen. Vom Opernhaus geht es zur *Haspeler Brücke* an der Grenze zu Elberfeld und über den *Unterbarmer Friedhof* wieder zurück. Friedrich Engels' 200. Geburtstag wird in Wuppertal mit einem Veranstaltungsjahr von Februar 2020 bis Februar 2021 gefeiert.

Friedrich Engels in Wuppertal

WUPPERTAL HATTE FÜR FRIEDRICH ENGELS BESONDERE BEDEUTUNG: HIER VERBRACHTE ER SEINE KINDHEIT UND JUGEND, ORGANISIERTE VERANSTALTUNGEN UND STAND AUF DEN BARRIKADEN.

Friedrich Engels wurde 1820 als ältester Sohn von Friedrich Engels Senior und seiner Frau Elisabeth in einem Wohnhaus im heutigen Engelsgarten geboren. Engels war das ältestes von insgesamt neun Kindern. Er wuchs in einer angesehenen Fab-

Friedrich Engels Senior

(1796–1860)
Vater von Friedrich Engels

Elisabeth van Haar, später Engels

(1797–1873)
Mutter von Friedrich Engels

rikantenfamilie auf. Das Anwesen der Familie glich einer Fabrikkolonie. Zu ihm gehörte auch das Wohnhaus, in dem sein Vater geboren wurde. Heute befindet sich dort ein Museum über das Leben von Engels. Das Familienanwesen ging auf seinen Urgroßvater Caspar Engels zurück. Er gründete in Barmen mit beginnender

Industrialisierung einen Garnhandel und eine Bleicherei, die sein gleichnamiger Sohn, Engels Großvater, fortführte. Die Geschichte der Industrialisierung und die damit einhergehenden Umbrüche zeigt das *Museum für Frühindustrialisierung.*

Caspar Engels

(1753–1821)
Großvater von Friedrich Engels

Großen Einfluss auf das Leben im Wuppertal hatte auch die Kirche. Mit finanzieller Unterstützung der Familie Engels wurde die protestantische *Unterbarmer Hauptkirche* erbaut. ❺ 1838 verließ Friedrich Engels das Wuppertal für eine kaufmännische Ausbildung. 1845 kehrte er vorübergehend zurück, um mit dem Frühsozialisten Moses Hess in Elberfeld die ersten kommunistischen Versammlungen in Deutschland auszurichten. Hess wohnte währenddessen im Gasthof *Zur Stadt London*. ❻ Zum Ende der Revolution von 1848/49 kehrte Engels noch einmal ins Wuppertal zurück. 1849 schloss er sich in Elberfeld den Revolutionären an. Als Barrikadeninspekteur hatte er auch das Kommando über die Barrikaden auf der *Haspeler Brücke*. ❼ 1860 wurde sein Vater neben weiteren Familienangehörigen auf dem *Unterbarmer Friedhof* beigesetzt. ❽ 2014 errichtete man Friedrich Engels zu Ehren eine fast vier Meter hohe Statue. ❷

UNSER TIPP:

MIT ENGELS UND MARX IN DIE ZEIT DER RAUCHENDEN FABRIKSCHLOTE

Stadtführung durch Barmen mit historischen Kostümen.

⊚ *Bushaltestelle Friedhof Unterbarmen*
🕑 *Mehrmals im Jahr, 2,5 Stunden* ⟳ *14,50 Euro* ⊕ *www.wuppertal-marketing.de*
▯ *0202 5632270*
✉ *touristik@wuppertal-marketing.de*

Moses Hess

(1812–1875)
Frühsozialist

Der Revolutionär Friedrich Engels.

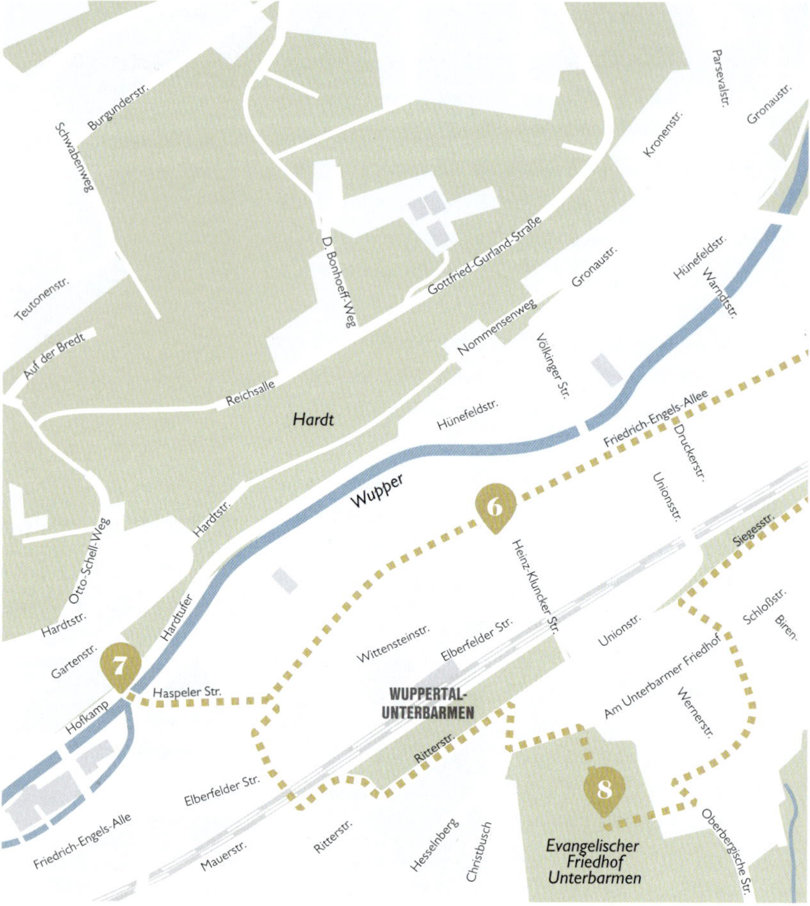

Schwabenweg · Burgunderstr. · Teutonenstr. · Auf der Bredt · Reichsalle · Hardtstr. · Otto-Schell-Weg · Hardtstr. · Gartenstr. · Hofkamp · D. Bonhoeff. Weg · Gottfried Gurland-Straße · Nommensenweg · Gronaustr. · Völkinger Str. · Hünefeldstr. · Kronenstr. · Hünefeldstr. · Warndtstr. · Parsevalstr. · Gronaustr. · Friedrich-Engels-Allee · Druckerstr. · Unionstr. · Siegesstr. · Schloßstr. · Biren · Am Unterbarmer Friedhof · Unionstr. · Wernerstr. · Oberbergische Str. · Heinz-Klunker-Str. · Elberfelder Str. · Wittensteinstr. · Haspeler Str. · Elberfelder Str. · Ritterstr. · Mauerstr. · Ritterstr. · Hesselnberg · Christbusch · Ritterstr. · Hardtufer · Hardtstr. · Friedrich-Engels-Alle

Hardt

Wupper

6

7

WUPPERTAL-UNTERBARMEN

8

Evangelischer Friedhof Unterbarmen

RUNDGANG DURCH WUPPERTAL

DER RUNDGANG IST ETWA SECHSEIN-HALB KILOMETER LANG. ER BEGINNT NAHE DEM BAHNHOF BARMEN AM OPERNHAUS. AM OPERNHAUS VORBEI UND LINKS EINBIEGEN IN DEN ENGELS-GARTEN ZUM GEDENKSTEIN FÜR *DAS GEBURTSHAUS VON FRIEDRICH ENGELS.*

Geburtshaus von Friedrich Engels

Engelsgarten

Friedrich-Engels-Denkmal

Engelsgarten

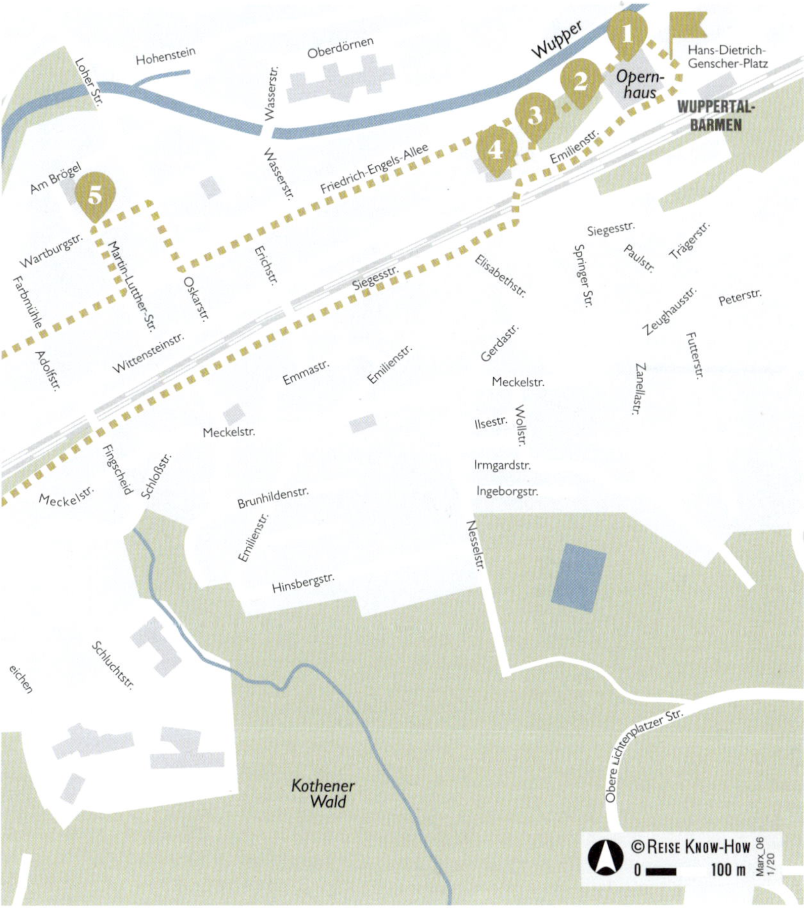

Hohenstein
Oberdörnen
Wupper
Loher Str.
Wasserstr.
Hans-Dietrich-Genscher-Platz
Opern-haus
WUPPERTAL-BARMEN
Wasserstr.
Friedrich-Engels-Allee
Emilienstr.
Am Brögel
Siegesstr.
Springer Str.
Paulstr.
Trägerstr.
Wartburgstr.
Martin-Luther-Str.
Oskarstr.
Erichstr.
Siegesstr.
Elisabethstr.
Zeughausstr.
Peterstr.
Farbmühle
Futterstr.
Adolfstr.
Wittensteinstr.
Emmastr.
Emilienstr.
Gerdastr.
Meckelstr.
Zanellastr.
Ilsestr.
Wollstr.
Meckelstr.
Fingscheid
Schloßstr.
Brunhildenstr.
Irmgardstr.
Ingeborgstr.
Meckelstr.
Emilienstr.
Nesselstr.
Hinsbergstr.
eichen
Schluchtstr.
Kothener Wald
Obere Lichtenplatzer Str.

© REISE KNOW-HOW 06
0 ——— 100 m
Marx, 06 1/20

---

3 Museum im Wohnhaus der Familie Engels

Engelsstraße 10

4 Museum für Frühindustria-lisierung

Engelsstraße 18

5 Kirche der Familie Engels

Martin-Luther-Straße 16

6 Gasthof Zur Stadt London

Friedrich-Engels-Allee / Heinz-Kluncker-Straße

7 Haspeler Brücke

Kreuzung Furter Hof / Haspeler Straße

8 Gräber der Familie Engels

Am Unterbarmer Friedhof 16

Einzig der Gedenk-
stein erinnert an
das Geburtshaus.

HIER STAND DAS GEBURTSHAUS
DES GROSSEN SOHNES UNSERER
STADT FRIEDRICH ENGELS ER IST
DER MITBEGRÜNDER DES WISSEN-
SCHAFTLICHEN SOZIALISMUS

Geburtshaus von Friedrich Engels

Am 28. November 1820 wurde Friedrich Engels als ältestes von neun Kindern in einem Wohnhaus an dieser Stelle geboren. Als erstgeborener Sohn erhielt er den Namen seines Vaters, welcher 1796 ebenfalls in Barmen geboren wurde. Seine Mutter Elisabeth wurde 1797 in Hamm geboren. Engels wuchs in einer reichen Fabrikantenfamilie auf. Marx' Tochter Eleanor sollte später sagen, dass wohl nie zuvor in einem solchen Haus ein Sohn geboren wurde, „der mehr aus der Art schlug".

Sein Urgroßvater Caspar Engels kam nach Barmen, um eine Bleicherei und einen Garnhandel zu gründen. Später kamen die Produktion von Spitze und Seidenbändern hinzu. Als die Firma an Engels' Elterngeneration überging, gerieten sein Vater und sein Onkel über das Firmenerbe in Streit. Durch ein Los wurde entschieden, wer die Firma führen sollte. Der Vater von Engels zog den Kürzeren. Mit zwei niederländischen Brüdern begründete er anschließend die Firma *Ermen & Engels*. Schnell stellte sich der Erfolg ein. Sie errichteten Baumwollspinnereien in **Manchester** und **Engelskirchen** (Seite 206). Die Barmener Manufaktur ging ab 1837 in eine Fabrik über – Friedrich Engels erlebte hier den Wandel der Produktionsweise selbst mit.

Das Geburtshaus gibt es nicht mehr. Es wurde bei einem Luftangriff im Zweiten Weltkrieg zerstört. Heute erinnert nur noch dieser Gedenkstein daran.

Unser Tipp

Kurzer Abstecher zum Johannes-Rau-Platz: Auf dem Brunnen „Das Tal der Wupper" finden sich Darstellungen der wichtigsten Ereignisse und Personen der Stadtgeschichte. Mit dabei: Friedrich Engels.

Wie weiter?

Ein paar Schritte durch den Engelsgarten zum Friedrich-Engels-Denkmal.

⊙ *Engelsgarten, 42283 Wuppertal*

Hinter der Statue ist schon die nächste Station zu sehen, das Engels-Haus.

Friedrich-Engels-Denkmal

Diese fast vier Meter hohe Bronzeskulptur im Engelsgarten wurde im Juni 2014 durch den Wuppertaler Oberbürgermeister eingeweiht. Zuvor hatten der Kulturausschuss und der Stadtrat die Aufstellung genehmigt. An dem Festakt nahmen der chinesische Botschafter sowie zahlreiche Medienvertreter und Besucher teil. Zur Aufstellung wurde auch ein chinesisch-deutsches Kulturfest veranstaltet.

Das *Friedrich-Engels-Denkmal* war ein Geschenk der Volksrepublik China. Es erfolgte nach dem Besuch einer Delegation der chinesischen Regierung im *Engels-Huus.* Die 3,85 Meter hohe und 868 Kilogramm schwere Skulptur ist ein Werk des chinesischen Künstlers Zeng Chenggang. Sie zeigt Friedrich Engels als nachdenklichen und sinnierenden Philosophen in höherem Alter.

Auf dem vierzig Zentimeter hohen Sockel wird aus Engels' *Dialektik der Natur* zitiert: „Die Arbeit ist die Quelle alles Reichthums, sagen die politischen Oekonomen. Sie ist dies – neben der Natur, die ihr den Stoff liefert, den sie in Reichthum verwandelt. Aber sie ist noch unendlich mehr als dies. Sie ist die erste Grundbedingung alles menschlichen Lebens, und zwar in einem solchen Grade, dass wir in gewissem Sinn sagen müssen: Sie hat den Menschen selbst geschaffen."

Engelsgarten, 42283 Wuppertal

Hinter dem Denkmal steht eine weitere Skulptur mit Bezug zum Werk von Engels: Die starke Linke des Bildhauers Alfred Hrdlicka zeigt mehrere Personen, die sich von ihren Ketten befreien.

Wie weiter?

Weiter durch den Engelsgarten zum ehemaligen Wohnhaus der Familie Engels.

Das Engels-Haus während der Renovierung.

Museum im Wohnhaus
der Familie Engels

Der Urgroßvater von Friedrich Engels ließ 1775 dieses
spätbarocke Wohnhaus erbauen. Hier wurde der
Vater von Engels geboren. Das Haus war Teil des
Anwesens der Familie, das sich wie eine halbkreisför-
mige Fabrikkolonie von hier bis zur Wupper erstreckte
und als *Bruch* bezeichnet wurde – gelegentlich auch als
Barmer oder *Engels' Bruch*. Es gab drei herrschaftliche
Wohnhäuser: die beiden hier erhaltenen und das
Geburtshaus von Friedrich Engels. ❶ Hinzu kamen
Fabrikgebäude, Bleichplätze und Unterkünfte für die
Arbeiter, wovon zwei an der Wittensteinstraße 282
und 284 erhalten sind. In diesem Umfeld wuchs Engels
auf. Er lebte unter Fabrikanten, hatte von klein auf
aber auch Kontakt zu Arbeitern. Diese zwei Welten
prägten auch sein späteres Leben.

Seit 1970 befindet sich in dem ehemaligen Wohnhaus das Museum *Engels-Haus* mit Originaldokumen-
ten und einer Ausstellung zum Werk und Leben von
Friedrich Engels. Anlässlich seines 200. Geburtstags im
November 2020 wird die Ausstellung neu konzipiert.
Sie soll über zwei Etagen seinen Werdegang darstel-
len. Ein besonderer Fokus wird auf der Herkunft aus
Barmen liegen. Aber auch weitere Lebensstationen
werden beleuchtet.

*1987 überreichte Udo
Lindenberg vor dem
Haus Erich Honecker
eine Gitarre.*

Wie weiter?
*Direkt hinter dem
Haus befindet sich
das Museum für
Frühindustrialisierung.*

📍 *Engelsstraße 10, 42283 Wuppertal*
🌐 *www.friedrich-engels-haus.de (hier können auch Stadtführun-
gen zu Engels für Barmen und Elberfeld gebucht werden)*
⚠ *Das Haus ist bis zum 28.11.2020 wegen Umbau und Neukonzeption geschlossen. Bis dahin gibt es eine Ausstellung im Info-Pa-
villon vorm Haus:* 🕐 *Mo–Fr 9–17 Uhr, Sa 10–15 Uhr (i.d.R.)*

Eine der historischen Maschinen des Museums.

MUSEUM
FÜR
FRÜHINDUSTRIALISIERUNG

Museum für Frühindustrialisierung

„Die *industrielle Revolution* hat für England dieselbe Bedeutung wie die politische Revolution für Frankreich und die philosophische für Deutschland", so beschrieb Friedrich Engels in *Die Lage der arbeitenden Klasse in England* den großen Stellenwert der im 18. Jahrhundert von England ausgehenden Umwälzung. Das Werk von Marx und Engels ist eng verbunden mit der *Industriellen Revolution*, die in der Textilherstellung mit Erfindungen wie der *Spinning Jenny* und dem mechanischen Webstuhl begann. Das *Museum für Frühindustrialisierung* zeigt solche, teilweise in Betrieb zu sehenden, Maschinen und die mit der Industrialisierung einhergehenden Umbrüche in unterschiedlichen Bereichen.

Das Museum wird noch bis mindestens Ende 2020 modernisiert. Nach der Wiedereröffnung soll in der neu konzipierten Ausstellung die frühe Industrialisierungsgeschichte der Region in einem breiten historischen Kontext gezeigt werden. Die technischen, wirtschaftlichen, sozialen und ökologischen Voraussetzungen und Folgen der Frühindustrialisierung werden dann in mehreren Themenschwerpunkten vermittelt: *Industrialisierung vor der Industrialisierung, Boomregion Wuppertal/Industrialisierung, Urbanisierung, Umweltgeschichte, Technische Innovationen, Sozialer Wandel* und *Wuppertal heute.*

⌖ *Engelsstraße 18, 42283 Wuppertal*
⊕ *www.friedrich-engels-haus.de*
⚠ *Das Museum ist mindestens bis Ende 2020 wegen Umbau und Neukonzeption geschlossen. Eine kleine Auswahl der Exponate findet sich bis dahin im Kontor 91 am Werth 91, 42275 Wuppertal:* ⏲ *Mo–Fr 9–17 Uhr, Sa 10–15 Uhr (i.d.R.)*

Das Museum für Frühindustrialisierung gibt es bereits seit 1983.

Wie weiter?
Über Friedrich-Engels-Allee (an der Straße befinden sich mehrere Schautafeln zur Stadtgeschichte), bis zur Loher Straße. Diese rechts hinein und sofort wieder links über die Wartburgstraße bis zur Unterbarmer Hauptkirche.

Die Türme waren ursprünglich spitzer, sie wurden später in einer flacheren Variante neu aufgebaut.

Kirche der Familie Engels

Die protestantische *Unterbarmer Hauptkirche* wurde von 1828 bis 1832 nach Plänen des Baudirektors Heinrich Hübsch errichtet. Ein großer Teil des für den Kirchenbau benötigten Geldes stammte vom Großvater und vom Vater von Friedrich Engels. In der Kirche wurde Friedrich Engels konfirmiert. Getauft worden war er zuvor in der Kirchengemeinde von Elberfeld.

Im Tal der Wupper hatte die Religion einen erheblichen Einfluss auf das Leben der Menschen. Vorherrschend war eine aggressive Richtung des protestantischen Pietismus. Gepaart wurde eine intensive Frömmigkeit mit einer kalvinistischen Ethik. Es herrschten Sitte und Moral. Vergnügung wurde abgelehnt, Entsagung gepredigt. Persönlicher Erfolg war ein Hinweis darauf, zu den Auserwählten zu gehören. Alle anderen lebten in weniger guten Verhältnissen. Wie viele andere Fabrikanten auch, waren sowohl Großvater als auch Vater von Friedrich Engels überzeugte Anhänger des Pietismus.

Friedrich Engels verlor später den Glauben seiner Kindheit. Karl Marx schrieb über die Religion in *Zur Kritik der Hegelschen Rechtsphilosophie*: „Das religiöse Elend ist in einem der Ausdruck des wirklichen Elendes und in einem die Protestation gegen das wirkliche Elend. Die Religion ist der Seufzer der bedrängten Kreatur, das Gemüt einer herzlosen Welt, wie sie der Geist geistloser Zustände ist. Sie ist das Opium des Volkes."

Auch in Engelskirchen (Seite 206) finanzierte der Vater von Friedrich Engels den Bau einer Kirche.

Wie weiter?
Über Martin-Luther-Straße zurück auf Friedrich-Engels-Allee, dann rechts bis zur Ecke Heinz-Kluncker-Straße.

⊙ *Martin-Luther-Straße 16, 42285 Wuppertal*

Die Plakette hängt am Haus in Richtung der Friedrich-Engels-Allee.

Heute ist das Haus zu einem großen Teil verkleidet.

Gasthof Zur Stadt London

In diesem 1828 erbauten Wohn- und Geschäftshaus befand sich bis 1877 der Gasthof *Zur Stadt London*. Hier logierten zumeist Kaufmänner und Handlungsreisende. 1845 kehrte der Frühsozialist Moses Hess für einige Wochen hier ein, um gemeinsam mit dem ins Tal der Wupper zurückgekehrten Friedrich Engels in Elberfeld die ersten kommunistischen Versammlungen in Deutschland zu organisieren.

In Barmen und Elberfeld nahm damals der Unmut über die wachsende Armut zu. Engels und Hess versuchten mit den Veranstaltungen diese Stimmung in ihrem Sinne zu beeinflussen. Zu den Veranstaltungsabenden in vornehmen Gasthäusern kamen Firmendirektoren, Gerichtsbeamte und sogar Mitglieder der Geldaristokratie. Nur die Arbeiter fehlten – obwohl es um ihre Situation und Rolle zur Herbeiführung von Veränderung ging. Ihnen war der Zutritt in die guten Gasthäuser untersagt. Dennoch kamen am dritten Abend über zweihundert Gäste. Friedrich Engels berichtete Karl Marx anschließend: „Nachher diskutiert bis ein Uhr. Das Ding zieht ungeheuer. Man spricht von nichts als vom Kommunismus, und jeden Tag fallen uns neue Anhänger zu."

Der Gasthof *Zur Stadt London* hingegen war auch ein beliebter Treffpunkt der Arbeiter. Die Ronsdorfer Bandwirker tranken hier beispielsweise regelmäßig einen Schnaps, nachdem sie ihre Waren zu den Fabrikanten gebracht hatten.

Das ein paar Meter entfernte Allee-Stübchen gab es schon zur Zeit von Friedrich Engels.

Wie weiter?

Weiter über Friedrich-Engels-Allee, vorbei an den verschieferten Häusern der historischen Frstbebauung. An der Nummer 156 bis 160 hängt eine Schautafel zu Georg Weerth. Rechts über Haspeler Straße zur Haspeler Brücke.

◎ *Ecke Friedrich-Engels-Allee / Heinz-Kluncker-Straße, 42285 Wuppertal*

Hier befand sich die Stadtgrenze
zwischen Barmen und Elberfeld.

Haspeler Brücke

Während der Revolution von 1848/49 sollte Friedrich Engels noch einmal zurückkehren. Im Mai 1849 brach der Elberfelder Aufstand aus. Barrikaden wurden errichtet. Ein Sicherheitsausschuss übernahm die Kontrolle. Nachdem Engels mit zwei Kisten Patronen bei diesem vorstellig wurde, ernannte man ihn zum Barrikadeninspekteur. Mit einer Pionierkompanie begutachtete er die Barrikaden im Stadtgebiet und positionierte die Stellungen der Artillerie.

Auch über die Barrikaden auf der *Haspeler Brücke* hatte Engels das Kommando. Einer Legende nach kommandierte er hier gerade die Artillerie, als sein entsetzter Vater beim Gang zur Kirche vorbeikam. Eine andere besagt, dass er auf den Barrikaden die schwarz-rot-goldene Fahne durch die rote austauschte. Ob das so stimmt oder nicht – Engels' Gesinnung beunruhigte den Sicherheitsausschuss so sehr, dass dieser folgenden Beschluss fasste: „Der Bürger Friedrich Engels von Barmen, zuletzt in Köln wohnhaft, wird unter voller Anerkennung seiner in hiesiger Stadt bisher bewiesenen Tätigkeit ersucht, das Weichbild der hiesigen Gemeinde noch heute zu verlassen, indem seine Anwesenheit zu Missverständnissen über den Charakter der Bewegung Anlass geben könnte."

Nach dem Rauswurf schloss Engels sich der badischen Revolutionsarmee an und nahm an vier Gefechten teil, bevor auch dort die Revolution niedergeschlagen wurde.

Unser Tipp

*An die Barrikaden in Elberfeld und die dort Getöteten erinnern heute ins Pflaster eingelassene Metallplatten am Standort der Hauptbarrikade an der Kreuzung Herzogstraße / Wall. Zur Revolution von 1848/49 siehe auch **Köln** (Kapitel 4).*

Wie weiter?

Haspeler Straße zurück bis Friedrich-Engels-Allee. Diese überqueren und über Haspeler Schulstraße durch die Unterführung. Danach links auf Mauerstraße, über Ritterstraße und Christbusch auf die Straße zum Unterbarmer Friedhof.

⊙ *Kreuzung Furter Hof / Haspeler Straße, 42103 Wuppertal*

Neben der Grabstätte der Familie Friedrich Engels Seniors gibt es weitere Gräber der Familie.

Gräber der Familie Engels

Der *Unterbarmer Friedhof* von 1822 geht auf die Gründung der Kirchengemeinde durch Caspar Engels zurück, dem Großvater von Friedrich Engels. Nach mehreren Erweiterungen ist der Friedhof mit rund 36 000 Grabstellen mittlerweile einer der größten der Stadt. Es finden sich Grabdenkmäler des Klassizismus, der Neugotik und der Gründerzeit. Durch den Haupteingang des Friedhofs kommend, befinden sich geradeaus, kurz vor dem großen Kreuz auf der linken Seite, die Gräber der Familiendynastie Engels. Es gibt unter anderem große Grabsteine für die Familien Caspar Engels und Friedrich Engels Senior. Friedrich Engels selbst ist hier nicht begraben. Die Urne mit seiner Asche wurde vor **Eastbourne** im Meer versenkt (Seite 207).

1860 wurde der Vater von Friedrich Engels nach einem unerwarteten Choleratod hier beigesetzt. Das Verhältnis zwischen seinem Sohn und ihm war zeitlebens schwierig. 1837 musste Friedrich Engels auf Geheiß des Vaters das *Gymnasium zu Elberfeld* verlassen – ein Jahr vor seinem Abitur. Er sollte in der Familienfirma arbeiten, obwohl er das liberale Gymnasium gerne länger besucht hätte. Dort förderte man sein ausgeprägtes Sprachtalent und sein Interesse an der Geschichte der Nationalliteratur und der deutschen Klassiker. 1838 bis 1841 lernte er das weitere Handwerkszeug für die Arbeit bei einer kaufmännischen Ausbildung in **Bremen** (Seite 201). Anschließend ging es für den Militärdienst nach **Berlin** (Kapitel 3).

Hinter dem großen Kreuz verläuft die Millionenallee mit prachtvollen Gräbern der Wuppertaler Industriellenfamilien.

Wie weiter?

Vom Seitenausgang des Friedhofs über Oberbergische-, Fuchs-, Sieges-, Emilien- und Wittensteinstraße zurück zum Opernhaus.

⊚ *Am Unterbarmer Friedhof 16, 42285 Wuppertal*

3

Berlin

gestern

Willkommen in der Hauptstadt Preußens, willkommen im Berlin des 19. Jahrhunderts!

170 000 Menschen lebten um 1800 in Berlin. Ereignisreiche Jahrzehnte folgten. 1806 zogen französische Truppen in die Stadt und besetzte sie für zwei Jahre. 1808 erhielt Berlin aufgrund einer neuen preußischen Städteordnung weitgehende Selbstverwaltungsrechte. Zwei Jahre später nahm die Universität ihren Lehrbetrieb auf. Berlin wurde ein intellektuelles und kulturelles Zentrum. Als Hauptstadt Preußens kam der Stadt ohnehin eine besondere Stellung zu.

Das Schauspielhaus am Gendarmenmarkt, die *Schlossbrücke* über den Spreekanal und das *Alte Museum* am Lustgarten entstanden. In der Innenstadt öffneten zahlreiche Kneipen und Cafés. Immer mehr Straßen wurden gepflastert. Am Boulevard *Unter den Linden* begann die Installation der Gasbeleuchtung. Die hygienischen Bedingungen blieben jedoch miserabel.

Große Fortschritte machte die Industrialisierung, auch wegen des 1834 gegründeten *Deutschen Zollvereins*. Vor der Stadt eröffneten neue Fabriken. Auf der Suche nach Arbeit zogen zahlreiche Menschen in die außerhalb gelegenen Stadtviertel, wo die Lebensbedingungen schlecht waren. Bis zur Mitte des 19. Jahrhunderts wuchs die Einwohnerzahl auf 400 000. Auf dem europäischen Festland war nur Paris größer. Schiffe fuhren nach Charlottenburg, Magdeburg, Potsdam und Hamburg. Die erste Zugverbindung Preußens verband Berlin mit Potsdam.

Heute ist Berlin die Hauptstadt von Deutschland und mit dreieinhalb Millionen Einwohnern erheblich größer als im 19. Jahrhundert. Die Stadt zieht mit zahlreichen Sehenswürdigkeiten Besucher aus der ganzen Welt an. Und es gibt einiges zu entdecken.

Das *Brandenburger Tor* ist Berlins bekannteste Attraktion. Gerne besucht wird auch der Reichstag. Am Boulevard *Unter den Linden* finden sich Bauwerke vom Klassizismus bis zur Moderne. Die UNESCO-Weltkulturerbestätte *Museumsinsel* zeigt Kunst und Kultur aus Jahrtausenden. Noch immer ein Hingucker ist der aus DDR-Zeiten stammende Fernsehturm nahe dem Alexanderplatz mit einer Höhe von 368 Metern. Am Gendarmenmarkt beeindrucken der *Französische Dom*, der *Deutsche Dom* und das Schauspielhaus. Die *Karl-Marx-Allee* bietet eine monumentale Straßenbebauung. Touristen zieht es auch zu den *Hackeschen Höfen*.

Auch von den Aufenthalten von Karl Marx und Friedrich Engels sind noch Spuren im Stadtgebiet zu finden. So ist ein Wohnhaus, in dem Marx lebte, ebenso erhalten, wie die von ihm besuchte Universität und Bibliothek. Auch die Räumlichkeiten eines Cafés, das er und später auch Engels regelmäßig aufsuchten, sind noch vorhanden. Ein erster Rundgang auf ihren Spuren verläuft durch Berlins Zentrum. Ein zweiter Spaziergang geht von dort entlang der Spree nach Alt-Stralau.

Weitere Infos: Reise Know-How City|Trip Berlin und City|Trip PLUS Berlin

Marx & Engels in Berlin

KARL MARX STUDIERTE IN BERLIN. FRIEDRICH ENGELS LEISTETE MILITÄRDIENST. HIER BESCHÄFTIGTEN SIE SICH MIT PHILOSOPHIE UND VERKEHRTEN IN INTELLEKTUELLEN RUNDEN.

Karl Marx lebte von 1836 bis 1841 in Berlin, eine längere Zeit davon in einem Wohnhaus auf der Luisenstraße.❶ Marx war zum Studium in der Stadt. An der *Friedrich-Wilhelms-Universität* besuchte er juristische und philosophische Lehrveranstaltungen.❸ Die Atmosphäre an der Universität bestimmte damals noch die Philosophie von Georg Wilhelm Friedrich Hegel. Im Treppenaufgang erinnert heute Marx' 11. These zu Feuerbach an seinen Besuch.

Georg Wilhelm Friedrich Hegel

(1770–1831)
Philosoph

Für die Studenten der Universität nutzbar war auch die *Königliche Bibliothek*.❹ Karl Marx machte von dieser Möglichkeit Gebrauch. Der *Doktorklub*, die bedeutendste Diskussionsrunde in Berlin, traf sich im *Café Stehely*.❺

Marx stieß bereits als Studienanfänger zu der Gruppe und machte sich schnell einen Namen. Karl Marx hatte schon früh gesundheitliche Probleme. Auf Empfehlung seiner Ärzte verbrachte er den Sommer 1837 zur Erholung in Alt-Stralau. Mit der *Karl-Marx-Erinnerungsstätte* wird dieses Besuchs gedacht. ❿ Friedrich Engels lebte kurze Zeit nach Marx in Berlin, von 1841 bis 1842. Er leistete hier seinen Militärdienst in einer Garde-Artillerie-Kaserne ab. ❷ In seiner Freizeit besuchte auch Engels Veranstaltungen der *Friedrich-Wilhelms-Universität* und das *Café Stehely*. Das *Marx-Engels-Forum* ist das bedeutendste Denkmal in Berlin, das an die beiden Revolutionäre erinnert. ❻ Am Gebäude des *Neuer Marstall* gibt es zwei große Bronzereliefs im Stil des sozialistischen Realismus – eines zeigt Karl Marx. ❼ Am Strausberger Platz erinnert nahe der Karl-Marx-Allee eine Büste an den Namensgeber der Straße. ❽ Verschiedene Aspekte des Kapitalismus beleuchtet das *Museum des Kapitalismus*. ❾

———

„Die Philosophen haben die Welt nur verschieden interpretirt; es kömmt drauf an, sie zu verändern."

Karl Marx, II. These über Feuerbach (unredigiert)

———

Berlin im 19. Jahrhundert.

1 Wohnhaus von Karl Marx

Luisenstraße 60

2 Kaserne von Friedrich Engels

Kreuzung Geschwister-Scholl-Straße / Am Kupfergraben

3 Friedrich-Wilhelms-Universität

Unter den Linden 6

4 Königliche Bibliothek

Bebelplatz l

5 Doktorklub im Café Stehely

Charlottenstraße 53

RUNDGANG DURCH
BERLIN (MITTE)

DER RUNDGANG IST ETWAS MEHR ALS FÜNF KILOMETER LANG. ER BEGINNT AM *BRANDENBURGER TOR.* VON DORT ÜBER PARISER PLATZ UND UNTER DEN LINDEN, LINKS IN WILHELMSTRASSE UND IMMER GERADEAUS BIS ZUR LUISENSTRASSE NUMMER 60, DEM *WOHNHAUS VON KARL MARX.*

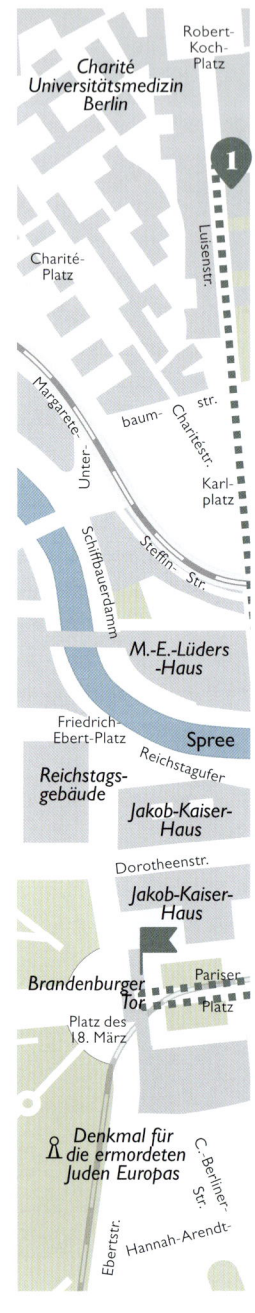

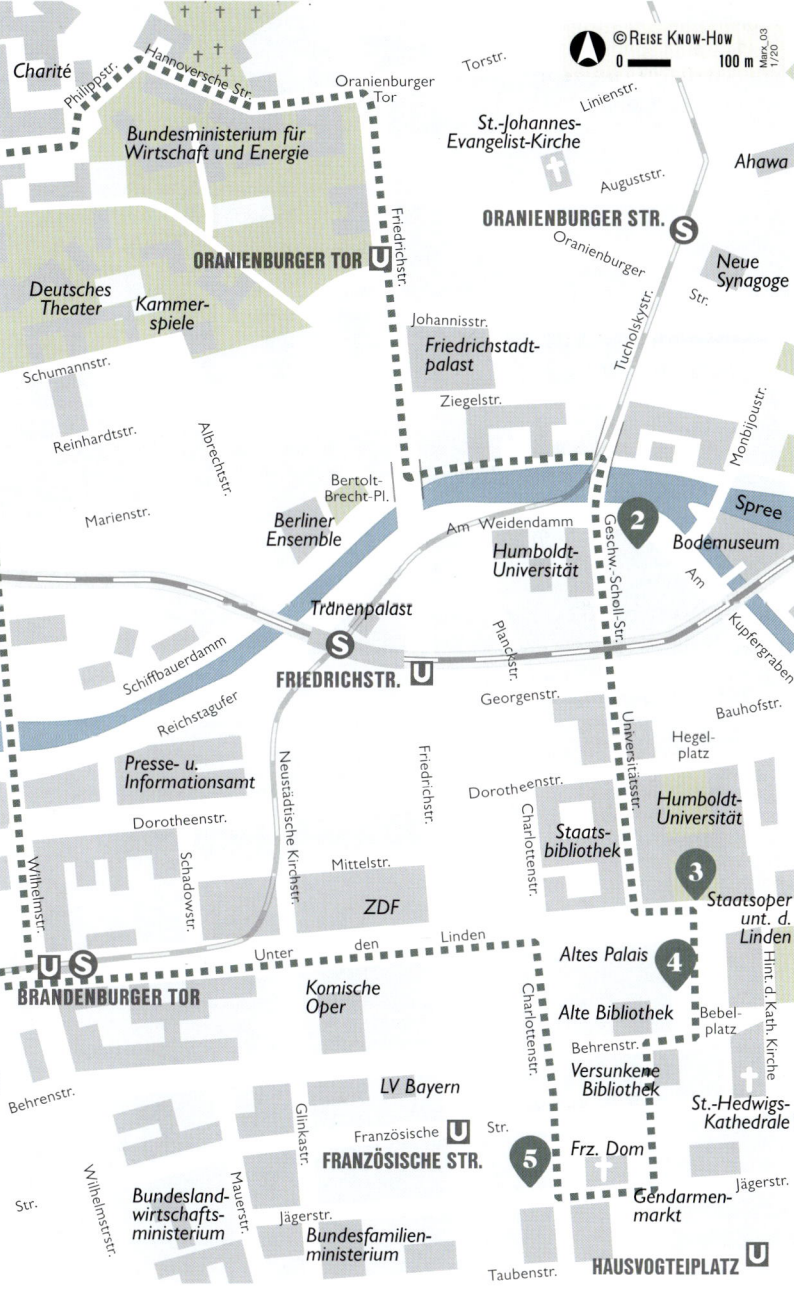

Charité

Hannoversche Str.

Philippstr.

Bundesministerium für
Wirtschaft und Energie

Oranienburger Tor

Torstr.

Linienstr.

St.-Johannes-
Evangelist-Kirche

Augustr.

Ahawa

ORANIENBURGER STR. Ⓢ

Oranienburger Str.

Neue
Synagoge

Monbijoustr.

Deutsches
Theater

Kammer-
spiele

ORANIENBURGER TOR Ⓤ

Friedrichstr.

Schumannstr.

Johannisstr.

Friedrichstadt-
palast

Ziegelstr.

Reinhardtstr.

Albrechtstr.

Marienstr.

Bertolt-
Brecht-Pl.

Berliner
Ensemble

Am Weidendamm

Humboldt-
Universität

Geschw.-Scholl-Str.

Tucholskystr.

Spree

Bodemuseum

②

Am Kupfergraben

Schiffbauerdamm

Reichstagufer

Tränenpalast

FRIEDRICHSTR. Ⓢ Ⓤ

Planckstr.

Georgenstr.

Bauhofstr.

Hegel-
platz

Humboldt-
Universität

Universitätsstr.

Presse- u.
Informationsamt

Neustädtische Kirchstr.

Friedrichstr.

Dorotheenstr.

Charlottenstr.

Staats-
bibliothek

③

Staatsoper
unt. d.
Linden

Wilhelmstr.

Schadowstr.

Dorotheenstr.

Mittelstr.

ZDF

Unter den Linden

Komische
Oper

Altes Palais

④

Alte Bibliothek

Bebel-
platz

Hint. d. Kath. Kirche

Ⓤ Ⓢ

BRANDENBURGER TOR

Behrenstr.

Charlottenstr.

Behrenstr.

Versunkene
Bibliothek

St.-Hedwigs-
Kathedrale

LV Bayern

Glinkastr.

Französische Str. Ⓤ

FRANZÖSISCHE STR.

⑤

Frz. Dom

Behrenstr.

Str.

Bundesland-
wirtschafts-
ministerium

Mauerstr.

Jägerstr.

Bundesfamilien-
ministerium

Taubenstr.

Gendarmen-
markt

Jägerstr.

HAUSVOGTEIPLATZ Ⓤ

© REISE KNOW-HOW
0 ___ 100 m

Marx. 03
1/20

63

Das letzte erhaltene Wohnhaus
von Karl Marx in Berlin.

ARCHIV DER AKADEMIE DER KÜNSTE

60

Wohnhaus von Karl Marx

Karl Marx zog im Wintersemester 1836 zum Studium in die preußische Hauptstadt. Zuvor hatte er bereits zwei Semester Rechtswissenschaften in **Bonn** studiert (Seite 200). Mit dem Umzug nach Berlin folgte er dem Wunsch seines Vaters. Es dauerte fast eine Woche mit der Postkutsche, bis er die Stadt erreichte. Karl Marx blieb bis 1841 in Berlin. Er lebte an verschiedenen Orten nahe der *Friedrich-Wilhelms-Universität*. ❸ Dieses Haus blieb als einziges davon erhalten.

Während seiner Zeit in der Stadt gab es in seinem Leben einige Veränderungen. 1837 verlobte er sich offiziell mit der in Trier verweilenden Jenny von Westphalen. Ein Jahr zuvor hatten sie dies bereits heimlich getan. Nach siebenjähriger Verlobungszeit heirateten sie schließlich in Kreuznach, dem heutigen **Bad Kreuznach** (Seite 198). Im Mai 1838 verstarb sein Vater Heinrich Marx, was neben den persönlichen Folgen auch finanzielle hatte. Übrigens: In Berlin verklagte man Karl Marx wiederholt wegen Schulden – damals bei Studenten jedoch nichts Ungewöhnliches.

In dem mehrstöckigen Haus hier in der Luisenstraße wohnte Karl Marx von Oktober 1838 bis März 1839. Es wurde nicht lange zuvor erbaut. Heute befindet sich hier unter anderem das *Walter-Benjamin-Archiv*, in dem der Nachlass des Namensgebers und eine Sammlung von Dokumenten aus Privatbesitz aufbewahrt werden.

———

Am Haus gab es eine Gedenktafel für Karl Marx – sie ist nicht mehr vorhanden. Am Nebenhaus erinnert eine Tafel an den Politiker Wilhelm Pieck.

Wie weiter?

Neben dem Haus in Philippstraße, von dieser rechts auf Hannoversche Straße. Wieder rechts auf Friedrichstraße. Vor der Spree links abbiegen und den Fluss entlang bis zur Ebertbrücke. Diese zur Kaserne überqueren.

———

⊚ *Luisenstraße 60, 10117 Berlin*

65

Die ehemalige Friedrich-Engels-Kaserne am Kupfergraben.

Kaserne von
Friedrich Engels

Friedrich Engels traf im September 1841 in Berlin ein, um seinen Militärdienst in einer Garde-Artillerie-Kaserne auf diesem Areal zu absolvieren. Nach seiner kaufmännischen Ausbildung in **Bremen** (Seite 201) meldete er sich freiwillig. So konnte er der weiteren Arbeit in der Familienfirma entgehen. Als Friedrich Engels in Berlin eintraf, hatte Karl Marx die Stadt bereits seit einigen Monaten verlassen – bis zum ersten Aufeinandertreffen sollte es noch etwas dauern.

Engels lernte das Militärwesen im einjährigen Dienst kennen. Seine Erfahrungen sollten ihm später auf den Elberfelder Barrikaden und in der badischen Revolutionsarmee zugutekommen. Auch im höheren Lebensalter befasste er sich noch einmal mit dem Militärwesen, weshalb er später den Spitznamen *General* erhielt. Ein anderer Umstand bestimmte seine Berliner Zeit ebenfalls: Friedrich Engels wohnte nicht weit von der Kaserne entfernt in einem lebendigen Stadtviertel. In den dortigen Kneipen und Cafés verkehrte er regelmäßig. Daneben besuchte er als Gasthörer die Vorlesungen der *Friedrich-Wilhelms-Universität.* ❸

Im Oktober 1842 endete sein Militärdienst. Er erhielt eine Beförderung und ein Führungsattest. Die Kaserne hier am Kupfergraben wurde in der DDR *Friedrich-Engels-Kaserne* getauft. Sie war Sitz des *Wachregiments Friedrich Engels.*

Engels wohnte nicht weit von hier Ecke Friedrichstraße / Dorotheenstraße. Früher gab es dort eine Gedenktafel, heute steht an der Stelle das Kulturkaufhaus Dussmann.

Wie weiter?

Über Geschwister-Scholl-Straße und Universitätsstraße bis Unter den Linden. Links abbiegen zur Universität.

⊚ *Kreuzung Geschwister-Scholl-Straße / Am Kupfergraben, 10117 Berlin*

*Die II. Feuerbach-These von Karl Marx
im Foyer der Universität.*

Die Philosophen haben die Welt
nur verschieden interpretiert,
es kommt aber darauf an,
sie zu verändern. Karl Marx

Friedrich-Wilhelms-Universität

Die *Friedrich-Wilhelms-Universität* wurde 1809 gegründet. Als Karl Marx sein Studium begann, besaß sie bereits internationales Renommee. Marx ging zu juristischen und philosophischen Lehrveranstaltungen. Nach und nach konzentrierte er sich ganz auf Philosophie. Auch Friedrich Engels zog es als Gasthörer zu den Philosophievorlesungen im Hörsaal Nummer sechs. Dort saßen mit Michail Bakunin und Søren Kierkegaard auch andere später bedeutende Persönlichkeiten. Die Atmosphäre an der Universität bestimmte noch die Philosophie von Georg Wilhelm Friedrich Hegel. Es bildeten sich konservative *Althegelianer* heraus und radikalkritische *Junghegelianer*.

Im Frühjahr 1841 bekam Karl Marx sein Abgangszeugnis. Kurz darauf reichte er seine Doktorarbeit in Jena ein (Seite 211). An der dortigen Universität war es möglich, ein Doktordiplom allein durch das Einreichen einer schriftlichen Arbeit zu erhalten. Am 15. April 1841 erhielt Karl Marx die philosophische Doktorwürde.

Die Berliner Universität wurde 1949 in *Humboldt-Universität zu Berlin* umbenannt. Seit 1953 wird hier an Marx erinnert. An der Wand des Treppenaufgangs findet sich seine *11. These zu Feuerbach* (siehe Foto linke Seite). Übrigens: Das Zitat wurde in einer Version verwendet, die Engels redigiert hatte. Im Original hieß es „interpretirt" und „kömmt". Es gab auch kein „aber".

Am Hinterausgang der Universität, an der Dorotheenstraße, erinnert eine Statue an den Philosophen Hegel.

Wie weiter?
Die Straße überqueren bis zum Bebelplatz.

⊚ *Unter den Linden 6, 10117 Berlin*
⊕ *www.hu-berlin.de/de* ⊙ *Mo–Fr 6–22 Uhr, Sa 6–18 Uhr*

Der Bebelplatz im Abendlicht.

4

Königliche Bibliothek

Die *Königliche Bibliothek*, heute *Alte Bibliothek*, wurde von 1775 bis 1780 errichtet. Die geschwungene Form brachte ihr den Spitznamen *Kommode* ein. Zunächst war sie eine Gelehrtenbibliothek. Später nutzten die Bibliothek auch Studenten wie Karl Marx.

1895 studierte dann der russische Revolutionär Lenin hier die Schriften von Marx und Engels. Was er im *Kapital* las, beschrieb er später in *Drei Quellen und drei Bestandteile des Marxismus*: „Die Arbeitskraft des Menschen wird zur Ware. Der Lohnarbeiter verkauft seine Arbeitskraft dem Besitzer des Bodens, der Fabriken, der Arbeitsmittel. Einen Teil des Arbeitstages verwendet der Arbeiter darauf, die zu seinem und seiner Familie Unterhalt notwendigen Ausgaben zu decken (Arbeitslohn), den anderen Teil des Tages jedoch arbeitet der Arbeiter unentgeltlich; er schafft den Mehrwert für den Kapitalisten, die Quelle des Profits, die Quelle des Reichtums der Kapitalistenklasse. Die Lehre vom Mehrwert ist der Grundpfeiler der ökonomischen Theorie von Marx."

1933 verbrannten die Nazis vor dem Gebäude auf dem Bebelplatz mehr als 20 000 Bücher, darunter auch die von Marx und Engels. An die Bücherverbrennung erinnert heute ein Denkmal. Im Zweiten Weltkrieg wurde die *Kommode* weitgehend zerstört. Nach dem Wiederaufbau benannte man den Lesesaal nach Lenin und installierte ein Glasmalerei-Fenster. Darauf zu sehen sind Lenin, Marx und Engels. Heute wird das Gebäude vor allem durch die Juristische Fakultät genutzt.

Unser Tipp

Den Bebelplatz auch mal im Dunkeln besuchen. Dann sind die Bilder von Lenin, Marx und Engels auf dem erleuchteten Glasmalerei-Fenster gut zu erkennen.

Wie weiter?

Vom Bebelplatz auf Behrenstraße. Anschließend links auf Markgrafenstraße. Von dieser rechts auf Jägerstraße und weiter bis Kreuzung Jägerstraße / Charlottenstraße.

◎ *Bebelplatz 1, 10117 Berlin* ① *Mo – Fr 9 – 21.30 Uhr, Sa 9 – 18 Uhr*

Heute Antiquariat, damals Treffpunkt des Doktorklubs.

Doktorklub im Café Stehely

Im Zentrum von Berlin existierten zur Zeit von Marx und Engels über einhundert Cafés, Kneipen und Debattierklubs. Dort spielte sich ein großer Teil des literarischen und politischen Lebens ab. Jedes dieser Etablissements sprach eine unterschiedliche Zielgruppe an. Manche Einrichtungen wurden von Geschäftsmännern frequentiert. Andere waren Anlaufstelle für Studenten. Hier am Gendarmenmarkt im *Café Stehely* trafen sich Schauspieler, Literaten und die bedeutendste Diskussionsrunde der Stadt – der *Doktorklub*.

Im *Doktorklub* wurde in intellektueller Atmosphäre getrunken und über philosophische Fragen diskutiert. Ein liberaler Geist herrschte. Viele Mitglieder waren bereits promoviert, daher auch der eigentümliche Name. Im Zentrum der Diskussionen stand die Philosophie von Georg Wilhelm Friedrich Hegel. Karl Marx verkehrte bereits als Studienanfänger im *Doktorklub*, in dem er sich schnell einen Namen machte. Nachdem er Berlin verlassen hatte, ging aus dem *Doktorklub* die Gruppe der *Freien* hervor. Diesem intellektuellen Kreis gehörte dann wiederum Friedrich Engels an.

Karl Marx formulierte einige Jahre später in *Zur Kritik der Hegelschen Rechtsphilosophie* dieses Zitat: „Wie die Philosophie im Proletariat ihre materiellen, so findet das Proletariat in der Philosophie seine geistigen Waffen."

Später wurde in Berlin der Salon Bettina von Arnims einer der kulturellen Mittelpunkte. Er befand sich ungefähr dort, wo heute das Haus der Kulturen der Welt steht (John-Foster-Dulles-Allee 10).

Wie weiter?

Über Charlottenstraße bis Unter den Linden. Links abbiegen und zurück zum Brandenburger Tor. ▛

◎ *Charlottenstraße 53, 10117 Berlin*

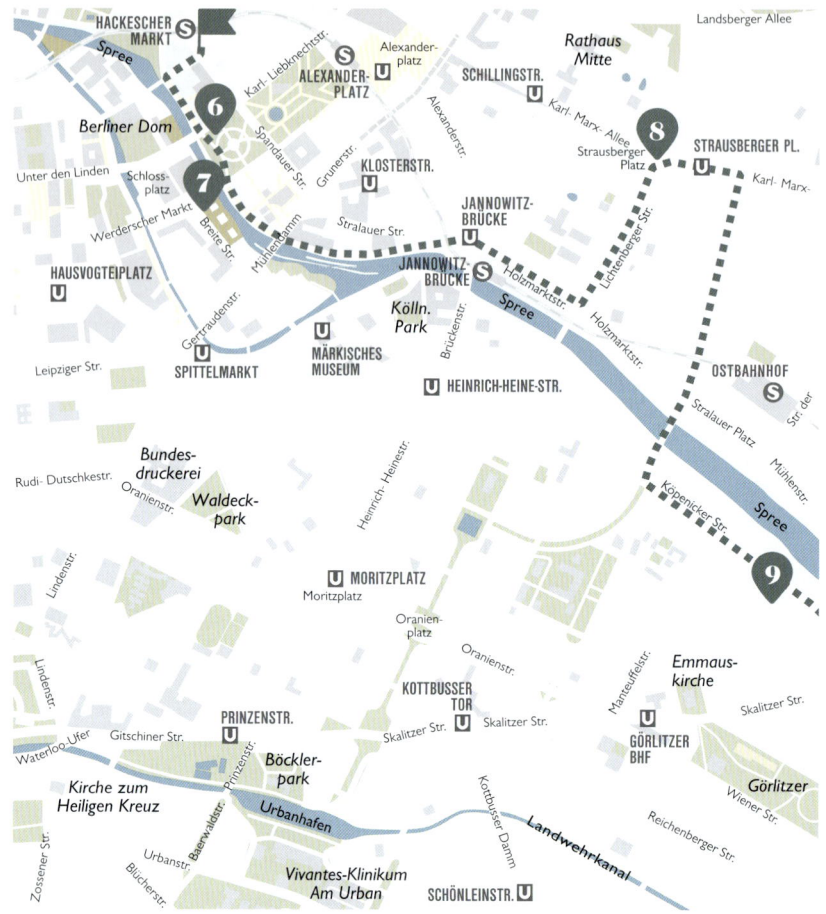

SPAZIERGANG DURCH BERLIN (SPREE)

DER SPAZIERGANG IST ZEHN KILOMETER LANG. ER BE-
GINNT AM *HACKESCHEN MARKT.* ⚑ VON DORT GEHT ES
ÜBER AM ZWIRNGRABEN UND NEUE PROMENADE, LINKS
ÜBER DIE BURGSTRASSE ZUR SPREE. DIESE ENTLANG BIS
ZUR ERSTEN STATION, DEM *MARX-ENGELS-FORUM.* ❻

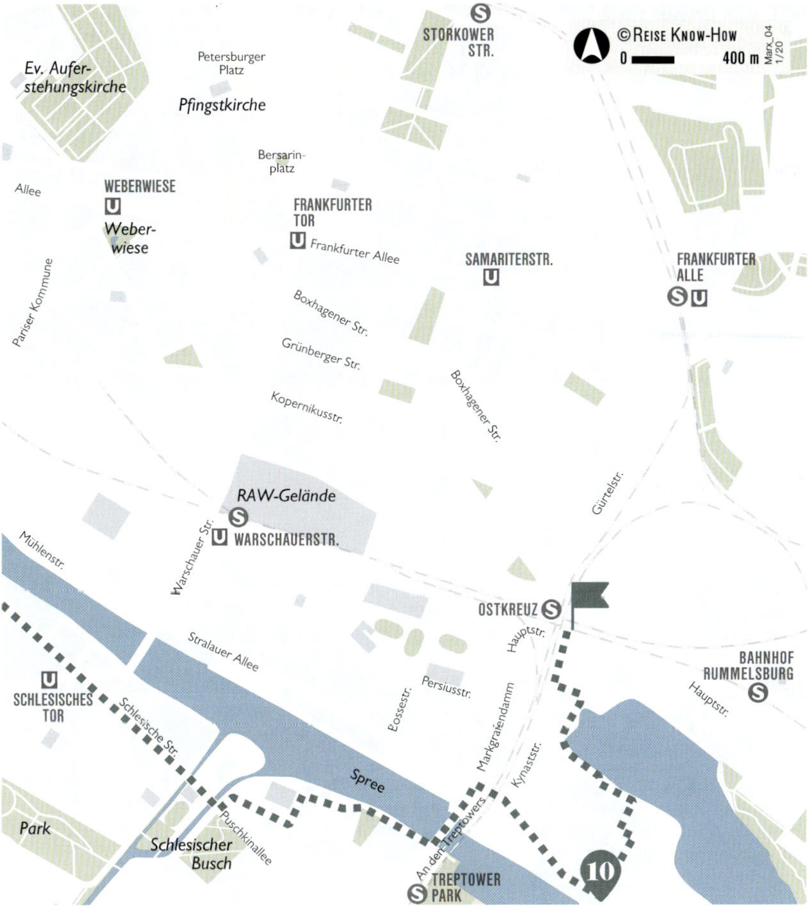
©Reise Know-How
0 400 m
Marx_04
1/20
Storkower Str.
Ev. Aufer-stehungskirche
Petersburger Platz
Pfingstkirche
Bersarin-platz
Allee
Weberwiese
Weber-wiese
Frankfurter Tor
Frankfurter Allee
Samariterstr.
Frankfurter Allee
Pariser Kommune
Boxhagener Str.
Grünberger Str.
Kopernikusstr.
Boxhagener Str.
Gürtelstr.
RAW-Gelände
Warschauerstr.
Warschauer Str.
Mühlenstr.
Ostkreuz
Hauptstr.
Stralauer Allee
Bahnhof Rummelsburg
Hauptstr.
Schlesisches Tor
Schlesische Str.
Persiusstr.
Bossestr.
Markgrafendamm
Kynaststr.
Spree
Park
Schlesischer Busch
Puschkinallee
An den Treptowers
Treptower Park
10

6 **Marx-Engels-Forum**
Karl-Liebknecht-Straße

7 **Bronzerelief von Karl Marx**
Schlossplatz 7

8 **Karl-Marx-Büste**
Strausberger Platz 12

9 **Museum des Kapitalismus**
Köpenicker Straße 172

10 **Karl-Marx-Erinnerungsstätte**
Alt-Stralau 17B

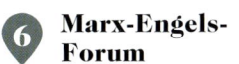

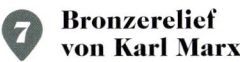

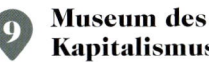

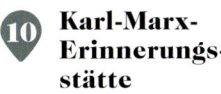

Ein QR-Code am Denkmalsockel führt zu weiteren Erläuterungen zum Denkmal.

Marx-Engels-Forum

Das *Marx-Engels-Forum* ist die bedeutendste Denkmalanlage zu Ehren der beiden Revolutionäre in Berlin. Der Entwurf für das zehn Tonnen schwere Denkmal stammte von dem Bildhauer Ludwig Engelhardt. Die Anlage wurde in den Jahren 1984 bis 1986 in einer Grünanlage im Zentrum des Platzes errichtet. 2010 wurde das Denkmal wegen des Baus einer U-Bahnlinie hierhin versetzt. Am vorherigen Standort blickten Marx und Engels nach Osten, heute schauen sie Richtung Westen.

Die fast vier Meter hohe Bronzefigur von Friedrich Engels steht neben der des sitzenden Karl Marx. Sie befinden sich auf einem flachen Sockel. Das *Marx-Engels-Forum* wurde in die Denkmalliste von Berlin aufgenommen. Die klare und einfach strukturierte Darstellung der Figuren hebt sich laut Denkmalamt vor dem Hintergrund des fünfteiligen Marmorreliefs ab: „Diese Gruppe soll die Bedeutung des wissenschaftlichen Kommunismus für die Überwindung von Unterdrückung und Ausbeutung versinnbildlichen."

Vor den Bronzefiguren befinden sich vier Edelstahlstelen. Darauf wurden Bilder aus der Geschichte der Arbeiterbewegung eingearbeitet. „Die Fotografien sollen", so das Denkmalamt, „die historische Bedeutung des Marxismus dokumentieren, während die eher technische Erscheinung der Stelen für den Glauben an den gesellschaftlichen Fortschritt steht." Die Zukunft des *Marx-Engels-Forums* ist immer wieder in der Diskussion.

*Rund um Berlin gibt es viele weitere Denkmäler von Marx und Engels. Mehr dazu in **Städte kompakt** (Kapitel 9).*

Wie weiter?

Entlang der Spree bis zur Rathausbrücke. Diese überqueren zum Schlossplatz.

⊙ *Karl-Liebknecht-Straße, 10178 Berlin*

Ursprünglich befanden sich an den beiden Stellen der Bronzereliefs Brunnen.

Bronzerelief von Karl Marx

Am Gebäude des *Neuer Marstall* gibt es zwei Bronze-reliefs im Stil des sozialistischen Realismus. Das linke Relief zeigt Karl Marx. Daneben steht: „Es lebe die soziale Revolution. Es lebe der Frieden der Völker." Auf dem rechten Relief sind Soldaten, Arbeiter und der Sozialist Karl Liebknecht abgebildet. Dazu heißt es: „Am 9. November 1918 ruft Karl Liebknecht die freie sozialistische Republik aus." Die Reliefs stammen vom Bildhauer Gerhard Rommel.

Bereits im 17. Jahrhundert stand hier ein Gebäude für die Kutschen und Pferde des Stadtschlosses. Um 1900 wurde dann der *Neuer Marstall* in der Stilrich-tung des Neobarock erbaut. Während der Novem-berrevolution 1918 waren revolutionäre Matrosen der Volksmarinedivision hier untergebracht. Auf den Angriff von regierungstreuen Truppen folgten blutige Kämpfe. 1988 wurden die Bronzereliefs mit einer Kranzniederlegung am 70. Jahrestag der November-revolution feierlich enthüllt.

Übrigens: Karl Liebknecht wurde am 13. August 1871 geboren und kurz darauf getauft. Seine Taufpa-ten waren Karl Marx und Friedrich Engels. Sie waren mit seinem Vater befreundet. Karl Liebknecht wurde 1919 ermordet. Im Berliner Tiergarten erinnert neben dem *Neuen See* eine Gedenkstele daran. Im Gebäu-de des *Neuer Marstall* sind heute die *Hochschule für Musik Hanns Eisler* und der *Verein für die Geschichte Berlins* untergebracht.

⌖ *Schlossplatz 7, 10178 Berlin*

Unser Tipp

Das Grab von Karl Liebknecht ist, wie auch das seines Vaters Wilhelm, an der Gedenkstätte der Sozialisten auf dem Zentralfried-hof Friedrichsfelde (Gudrunstraße 20). Jeden Januar gibt es dorthin eine Gedenk-demonstration.

Wie weiter?

Zurück über Rathaus-brücke und weiter entlang der Spree über Spree- und Ro-landufer. Dann auf Holzmarktstraße wechseln, links auf Lichtenberger Straße bis Strausberger Platz.

79

Karl Marx in der Nähe seiner großen Allee.

KARL MARX
1818-1883

Karl-Marx-Büste

Seit 1983 steht diese Bronzebüste von Karl Marx im südöstlichen Bereich des Strausberger Platzes. Geschaffen wurde sie von dem Bildhauer Will Lammert. Die Büste steht auf einem weißen Betonsockel. Darauf finden sich auch der Namenszug und die Geburtsdaten von Karl Marx. Der Strausberger Platz liegt an der *Karl-Marx-Allee*, zu der die Büste einen Bezug bildet.

Die neunzig Meter breite *Karl-Marx-Allee* war mit ihrer monumentalen Straßenbebauung der Prachtboulevard von Ost-Berlin. Die Bebauung erfolgte weitestgehend im Rahmen des Wiederaufbaus nach dem Zweiten Weltkrieg. Laut Berliner Denkmalamt ist die *Karl-Marx-Allee* das bedeutendste deutsche Beispiel für den Versuch einer Etablierung des sozialistischen Städtebaus nach dem Vorbild der Sowjetunion unter Verwendung von Elementen einheimischer Bautradition: „Eine neue Stadtgestalt, die hohen sozialen Ansprüchen genügen mußte, gebaut unter strengen ideologischen Vorgaben, sollte als Aushängeschild für eine neue sozialistische Gesellschaft dienen."

Die Straße erlebte einige Namenswechsel. 1949 wurden die *Große Frankfurter Straße* und die *Frankfurter Allee* in *Stalinallee* umbenannt. 1961 erfolgte für den Teil bis Frankfurter Tor eine erneute Umbenennung in *Karl-Marx-Allee*. Ab dort hieß sie wieder *Frankfurter Allee*. An der *Karl-Marx-Allee* Nummer 78 prangt noch immer der große Schriftzug der ehemaligen *Karl-Marx-Buchhandlung*.

Mehrere Straßen in Berlin erinnern an Marx und Engels: Durch Neukölln verläuft die Karl-Marx-Straße, an Nummer 1 gibt es ein Marx-Porträt. Dort gibt es auch einen Karl-Marx-Platz und einen Karl-Marx-Grill. Im Norden der Stadt erinnert eine Straße an Friedrich Engels.

Wie weiter?

Über Karl-Marx-Allee rechts auf Andreasstraße. Im Hof der Andreasstraße 64 befanden sich damals die Concordia-Festsäle, in denen Engels vor Mitstreitern redete. Weiter über An der Schillingbrücke, links über Bethaniendamm auf Köpenicker Straße zum Museum des Kapitalismus.

⊙ *Strausberger Platz 12, 10243 Berlin*

Der Eingang des Museums an der Köpenicker Straße.

Museum des Kapitalismus

9

Karl Marx erforschte über Jahrzehnte die Funktionsweise des Kapitalismus. Wie Friedrich Engels sagte, war eine seiner größten Leistungen, dass er das spezielle Bewegungsgesetz der kapitalistischen Produktionsweise entdeckte. Auch das *Museum des Kapitalismus* widmet sich auf knapp 150 Quadratmetern diesem Thema.

Das Museum will den Besuchern dabei Zusammenhänge durch Ausprobieren an interaktiven Stationen verdeutlichen, beispielsweise an einer *Mehrwertpumpe*. Dort muss man Wasser pumpen. Der größte Teil fließt dann in das Kapitalbecken – lediglich ein Rinnsal landet im Lohnbecher. Auf der ergänzenden Schautafel heißt es: „Geld, das ausgegeben wird, um sich zu vermehren, heißt Kapital. Das Wasser im Behälter steht für das Kapital eines Unternehmens. Das Ziel von Unternehmen ist es, ihr Kapital zu vermehren. Deshalb investiert das Unternehmen, etwa in Maschinen. Außerdem zahlt das Unternehmen dir einen Lohn, damit du arbeitest und Wert erzeugst, zum Beispiel in Form von Waren. Durch das Pumpen hast du Wert erzeugt. Und zwar mehr Wert, als dir in den Becher als Lohn ausgezahlt wurde! Das wird Ausbeutung genannt. Damit aus dem investierten Geld von Unternehmen mehr Geld wird, müssen sie Arbeitskräfte ausbeuten."

Zahlreiche weitere Stationen widmen sich Themen wie dem *Eigentum* und der *Ursprünglichen Akkumulation*, dem *Zwang zur Lohnarbeit* und der *Mehrarbeitszeit*.

Im Museum gibt es in regelmäßigen Abständen Veranstaltungen, wie Vorträge über den Kapitalismus oder einen Lesekreis zu Das Kapital. Infos auf der Website.

Wie weiter?

Über Köpenicker Straße, Schlesische Straße und Vor dem Schlesischen Tor. Links auf Am Flutgraben. Der Straße folgen, links auf Eichenstraße bis zur Spree. Entlang der Spree bis Elsenbrücke. Diese überqueren und rechts auf Alt-Stralau bis Karl-Marx-Erinnerungsstätte.

⊙ *Köpenicker Straße 172, 10997 Berlin*
⊕ *www.museumdeskapitalismus.de*
⊙ *Do: 16–19 Uhr, Sa und So: 14–18 Uhr* ⊙ *Eintritt frei*

An der Erinne-
rungsstätte gibt
es eine Stele
mit weiteren
Informationen.

Die Karl-Marx-Gedenkstätte

Alt-Stralau 18: An dieser Stele wird seit 1964 an Karl Marx (1818–1883) erinnert. Der Kräker der bürgerlichen Gesellschaft und Wortführer der Arbeiterbewegung verbrachte den Sommer 1837 als Student auf Anraten seines Arztes zur Erholung in Stralau. Marx wohnte bei dem Gastwirt Gottlieb Köhler, Dorfstraße 11 (heute Alt-Stralau 21). Im Gasthof „Lindenpark", Dorfstraße 4, hielte er seine Post ab und traf seine Freunde zu Gesprächen und philosophischen Diskussionen.

Im Auftrag des Stadtbezirks wurden 1964 anlässlich des 11. Jahrestags der DDR die beiden Stelen aus rotem Sandstein und eine Tafel errichtet. Ausgewählt wurde eine nahe Freifläche auf dem Gelände der kriegszerstörten Wohnhäuser Alt-Stralau 17–19. Die dort 1965 geschaffene kleine Grünanlage lag in der Sichtachse zum Sowjetischen Ehrenmal in Treptow. Der Bildhauer Hans (1910–1984) schuf die Reliefs. Von ihm stammt auch die Figur des Roten Matrosen auf dem Friedhof der Märzgefallenen im Volkspark Friedrichshain.

Am 1. Oktober 1964 wurde die Gedenkstätte zum Friedrichshainer Bürgermeister Hans Hölding (1900–1985) und dem Sekretär der SED-Kreisleitung, Horst Kleinen, Sohn eines Glasarbeiters, eingeweiht.

Diese Stele versteht auch Marx, den jungen Mann saufhen zur Straße hin eine Porträt, aus Spree hin eine Szene mit Diskutierenden in einem idyllischen Gartenlokal.

Auf der anderen Stele steht zur Straße hin die berühmte 11. These aus den „Thesen über Feuerbach": „Die Philosophen haben die Welt nur verschieden interpretiert; es kommt aber darauf an, sie zu verändern." – Dies versuchen die in der Nähe wohnenden Glasarbeiter mit ihrem Streik im Jahr 1901. Auf der Spreeseite sich ein entsprechendes Arbeits-relief, kein störbares Idyll, sondern ein Konflikt.

Karl-Marx-
Erinnerungsstätte

Karl Marx kämpfte sein Leben lang mit gesundheitlichen Problemen. Bereits als Student hatte er Schwierigkeiten. Auf Empfehlung seiner Ärzte war er deshalb im Sommer 1837 zur Erholung hier in Alt-Stralau. Marx kam beim Gastwirt Gottlieb Köhler in der Dorfstraße unter. In dem damals ruhigen Fischerdorf lernte er auch Mitglieder des *Doktorklubs* kennen. ⑤

Seit 1964 wird mit der *Karl-Marx-Erinnerungsstätte* dieses Aufenthalts gedacht. In einer Grünanlage stehen zwei Stelen aus rotem Sandstein und eine Metalltafel. Eine Stele zeigt mehrere Personen bei einer Diskussion in einem Gartenlokal sowie ein Porträt von Karl Marx. Auf der zweiten Stele ist seine *11. These über Feuerbach* zu lesen. Auf der Metalltafel zwischen den Stelen wird an den Aufenthalt und einen Glasarbeiterstreik erinnert: „1837 weilte Karl Marx in Alt-Stralau und fand hier als junger Student die Erholung, die er zur Fortführung seiner Arbeit benötigte. 1890 kamen aus Hamburg die Glasarbeiter nach Alt-Stralau. Sie waren aktive Vertreter der Lehren von Marx und Engels. Von hier aus leiteten sie den großen Streik der Buddelmaker in ganz Deutschland im Jahre 1901 und führten ihn erfolgreich zu Ende."

Anfang der 1840er Jahre hatten Karl Marx und Friedrich Engels Berlin verlassen. Ihr erstes Zusammentreffen erfolgte in **Köln** (Kapitel 4).

Die Anlage wurde in Sichtachse zum Sowjetischen Ehrenmal in Treptow errichtet.

Wie weiter?
Über Friedrich-Junge-Straße, links über Uferweg und Paul und Paula Ufer bis zum Ende des Gewässers. Dann zur Kynaststraße wechseln und rechts zum Bahnhof Ostkreuz. ⚑

⊚ *Alt-Stralau 17B, 10245 Berlin*

Köln

gestern

Willkommen in der mächtigen Festungsstadt, willkommen im Köln des 19. Jahrhunderts!

Das 19. Jahrhundert wurde in Köln stürmisch einge-läutet. 1794 zogen französische Truppen in die Stadt ein. Erstmals nach mehr als 900 Jahren wurde das 45 000 Einwohner zählende Köln erobert. Von 1797 an gehörte die Stadt zu Frankreich. Modernisierungen folgten. 1802 wurde die erste Ausgabe der *Kölnischen Zeitung* veröffent-licht. 1815 ging die Stadt als Folge des *Wiener Kongresses* an das konservative Preußen.

Anschließend wurde die Stadtbefestigung verstärkt, ein Festungsgürtel errichtet und Köln so zu einer mächtigen Festungsstadt ausgebaut. Eine Gewerbeschule und eine höhere Bürgerschule, ein Gymnasium und ein Theater wurden eröffnet. Als Standort für wichtige preußische Institutionen fand Köln keine Berücksichtigung. Lediglich der neue Appellationsgerichtshof bekam hier seinen Sitz. Die Bevölkerung war überwiegend katholisch, die Stim-mung gegenüber Preußen von Abneigung geprägt. Davon zeugten auch die Karnevalsumzüge.

Köln war noch wenig industrialisiert. Vereine hatten große Bedeutung. Es gab den *Allgemeine Hülfs- und Bildungs-verein*, den *Kölnischen Kunstverein* und die *Concert-Gesellschaft*. Mit dem Schiff erreichte man neben Mainz und Trier auch Metz und London. Züge fuhren nach Bonn, Düsseldorf, Aachen und Antwerpen. Die Stadt wuchs rasant. Zur Mitte des 19. Jahrhunderts hatte sich die Einwohnerzahl bereits auf 100 000 erhöht.

In Köln leben heute rund eine Million Menschen. Die Einwohnerzahl hat sich seit der Mitte des 19. Jahrhunderts somit verzehnfacht. Noch immer ist die Stadt eine Hochburg des Karnevals. Daneben ist Köln Kultur-, Messe- und Medienstadt. Auch eine eigene Biersorte gibt es hier, das *Kölsch*.

Das städtische Wahrzeichen ist der *Kölner Dom* – die größte gotische Kathedrale überhaupt und eine UNESCO-Weltkulturerbestätte. Die Kirche *St. Gereon* verbindet spätantike, romanische und gotische Baustile. Das *Museum Ludwig* präsentiert moderne Kunst, das *Römisch-Germanische Museum* unter anderem alte Münzen und Mosaike. Das *Wallraf-Richartz-Museum* ist eine renommierte Gemäldegalerie, das *Rautenstrauch-Joest-Museum* ein interessantes Völkerkundemuseum. In der Altstadt ist das *Martinsviertel* mit den hochgiebligen Häusern eine Attraktion. In den Brauhäusern am *Alter Markt* wird das stadteigene Bier gezapft. Das *Historische Rathaus* ist eines der ältesten in Deutschland – schon 1135 urkundlich erwähnt.

Von den Aufenthalten von Karl Marx und Friedrich Engels ist allerdings nicht mehr viel erhalten. Lediglich der *Gürzenich*, einer der Versammlungsorte des *Kölner Arbeitervereins*, steht noch. Der Rundgang auf ihren Spuren verläuft zwischen Neumarkt, Alter Markt und Heumarkt durch das überschaubare Zentrum. In Köln wird seit Längerem beraten, wie das Andenken an Karl Marx im Stadtbild besser sichtbar gemacht werden kann.

Weitere Infos: Reise Know-How City|Trip Köln

Marx & Engels in Köln

KARL MARX UND FRIEDRICH ENGELS ARBEITETEN IN KÖLN ALS JOURNALISTEN. SIE BEGLEITETEN DIE REVOLUTION VON 1848/49 UND ORGANISIERTEN SICH IM ARBEITERVEREIN.

1842 wurde in Köln die *Rheinische Zeitung* gegründet. **1** Karl Marx begann, für die Zeitung zu arbeiten, recht bald wurde er zum Chefredakteur. Ende des Jahres 1842 kam Friedrich Engels zum Vorsprechen in das Redaktionsbüro. Es kam zum ersten Treffen der beiden. 1843 wurde die *Rheinische Zeitung* verboten. Karl Marx und Jenny von Westphalen heirateten in Bad Kreuznach. Danach ging es nach Paris, anschließend nach Brüssel.

Andreas Gottschalk

(1815 – 1849)
Armenarzt

Ferdinand Freiligrath

(1810 – 1876)
Dichter

Fünf Jahre später ergriff die Revolution von 1848/49 Europa. Im März 1848 kamen mehrere Tausend Menschen vor dem Kölner Rathaus zusammen. **2** Der Armenarzt Andreas Gottschalk trug die Forderungen der Menschen vor. Karl Marx und Friedrich Engels kehrten kurz darauf nach Köln zurück. Zur Unterstützung der Revolution gründeten sie die *Neue Rheinische Zeitung.* **3** Karl Marx wurde Chefredakteur und Engels Mitarbeiter der Zeitung.

Georg Weerth

(1822 – 1856)
Dichter

Zur Redaktion gehörten unter anderem auch die Dichter Ferdinand Freiligrath und Georg Weerth sowie der Publizist Wilhelm Wolff.

Wilhelm Wolff

(1809 – 1864)
Publizist

Der von Andreas Gottschalk gegründete *Kölner Arbeiterverein* war in den deutschen Ländern der größte Arbeiterverein. Von Oktober 1848 bis Februar 1849 war Karl Marx Vorsit-

zender des Vereins, der Versammlungen auch im *Gürzenich* abhielt. ➍ Kurze Zeit später wurde Marx aufgrund seiner journalistischen Tätigkeit eine Frist zum Verlassen des Landes gesetzt – er und Jenny sowie Friedrich Engels verließen Köln.

Die Rheinische Zeitung für Politik, Handel und Gewerbe.

① Rheinische Zeitung
Schildergasse 99

② Historisches Rathaus
Rathausplatz 2

③ Neue Rheinische Zeitung
Heumarkt 65

④ Kölner Arbeiterverein im Gürzenich
Martinstraße 29–37

RUNDGANG DURCH KÖLN

DER RUNDGANG IST ETWA ZWEIEINHALB KILO-
METER LANG. ER BEGINNT AM NEUMARKT. ⚑
VON DORT GEHT ES ÜBER DIE SCHILDERGASSE
ZUR ERSTEN STATION AUF DER RECHTEN SEITE
MIT DER HAUSNUMMER 99, DEM EHEMALIGEN
STANDORT DER *RHEINISCHEN ZEITUNG.* ①

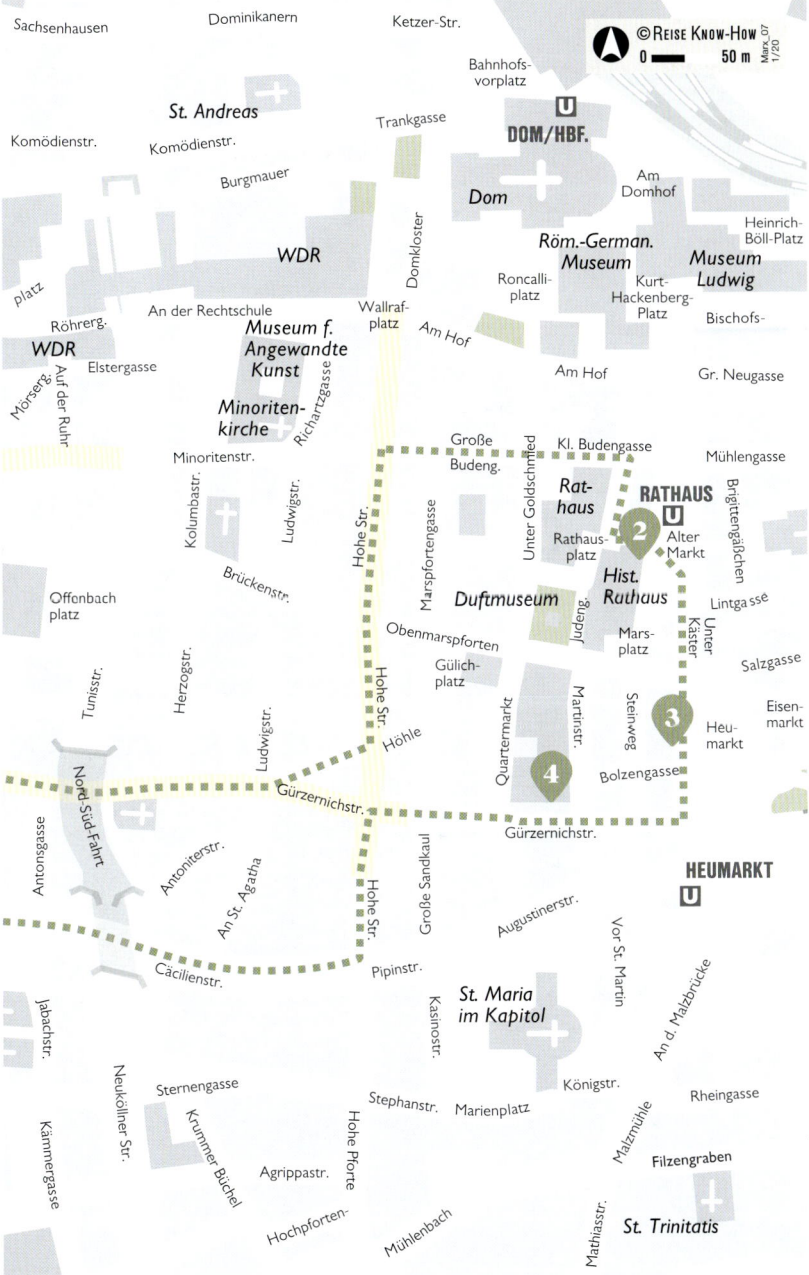

Sachsenhausen

Dominikanern

Ketzer-Str.

Bahnhofs-
vorplatz

DOM/HBF.

St. Andreas

Trankgasse

Komödienstr.

Komödienstr.

Burgmauer

Dom

Am
Domhof

Heinrich-
Böll-Platz

WDR

Röm.-German.
Museum

Museum
Ludwig

platz

Röhrerg.

An der Rechtschule

Roncalli-
platz

Kurt-
Hackenberg-
Platz

Bischofs-

WDR

Elstergasse

Museum f.
Angewandte
Kunst

Wallraf-
platz

Am Hof

Gr. Neugasse

Auf der Ruhr

Mörserg.

Minoriten-
kirche

Domkloster

Richartzgasse

Am Hof

Minoritenstr.

Große
Budeng.

Kl. Budengasse

Mühlengasse

Kolumbastr.

Ludwigstr.

Hohe Str.

Marspfortengasse

Unter Goldschmied

Rat-
haus

RATHAUS

2

Alter
Markt

Brigittengäßchen

Brückenstr.

Rathaus-
platz

Offenbach
platz

Duftmuseum

Hist.
Rathaus

Mars-
platz

Unter Käster

Lintgasse

Salzgasse

Herzogstr.

Hohe Str.

Obenmarspforten

Gülich-
platz

Eisen-
markt

Tunisstr.

Ludwigstr.

Hohle

Quartermarkt

Martinstr.

Steinweg

3

Heu-
markt

Nord-Süd-Fahrt

Gürzenichstr.

4

Bolzengasse

Antonsgasse

Antoniterstr.

An St. Agatha

Gürzenichstr.

HEUMARKT

Cäcilienstr.

Große Sandkaul

Hohe Str.

Pipinstr.

Augustinerstr.

Vor St. Martin

An d. Malzbrücke

Jabachstr.

St. Maria
im Kapitol

Kasinostr.

Königstr.

Rheingasse

Neuköllner Str.

Sternengasse

Stephanstr.

Marienplatz

Matzmühle

Kämmergasse

Krummer Büchel

Agrippastr.

Hohe Pforte

Filzengraben

Hochpforten-

Mühlenbach

Mathiasstr.

St. Trinitatis

© REISE KNOW-HOW

0   50 m

Marc_07
1/20

93

Hier ist nichts mehr erhalten. Ein Gedenken an Karl Marx ist in Köln in der Diskussion.

Rheinische Zeitung

Die *Rheinische Zeitung für Politik, Handel und Gewerbe* erschien ab Januar 1842. Karl Marx begann wenig später, für die Zeitung zu schreiben, noch vor Jahresende war er Chefredakteur. Das Redaktionsbüro befand sich an dieser Stelle. Unter Marx stieg die Auflage der Zeitung deutlich. Sie wurde zu einer bedeutenden liberalen Oppositionszeitung. Marx verteidigte in seinen Artikeln die Pressefreiheit, behandelte zum ersten Mal aber auch ökonomische Fragen. Er schrieb über die Not der Moselbauern und das Holzdiebstahlgesetz.

„Der Holzdieb erläßt ein eigenmächtiges Urteil gegen das Eigentum. Der Raffholzsammler vollzieht nur ein Urteil, was die Natur des Eigentums selbst gefällt hat, denn ihr besitzt doch nur den Baum, aber der Baum besitzt jene Reiser nicht mehr. Sammeln von Raffholz und Holzdiebstahl sind also wesentlich verschiedene Sachen", so Marx. „Und diesem wesentlichen Unterschiede zum Trotz nennt ihr beides Diebstahl und bestraft beides als Diebstahl."

Das Redaktionsbüro war auch Schauplatz einer historischen Begegnung. Ende 1842 kam hier ein junger Journalist zum Vorsprechen vorbei – es wurde das erste „sehr kühle" Zusammentreffen von Marx und Engels. Im März 1843 wurde die *Rheinische Zeitung* aufgrund eines kritischen Artikels verboten. Karl Marx und Jenny von Westphalen heirateten in **Bad Kreuznach** (Seite 198). Anschließend ging es nach **Paris** (Kapitel 5), dann nach **Brüssel** (Kapitel 6).

Unser Tipp

Vor dem Rundgang eine Stärkung bei Marx & Engels Burger am Hohenzollernring 21–23. Das Burger-Menü reicht vom Klassiker Der Marxist über den BBQ-Burger Von Westphalen bis zum veganen Der Ludwig.
⊕ *www.marxund engels.de*

Wie weiter?

Weiter über Schildergasse. Links auf Hohe Straße, rechts auf Große Budengasse. Weiter über Kleine Budengasse, rechts auf Bürgerstraße bis zum Rathaus.

⊙ *Schildergasse 99, 50667 Köln*

Die Marx-Statue (rechts) ist vom Boden aus nicht zu erkennen.

Historisches Rathaus

„Auf Deutschland richten die Kommunisten ihre Hauptaufmerksamkeit, weil Deutschland am Vorabend einer bürgerlichen Revolution steht" und diese „nur das unmittelbare Vorspiel einer proletarischen Revolution sein kann. Mit einem Wort, die Kommunisten unterstützen überall jede revolutionäre Bewegung gegen die bestehenden gesellschaftlichen und politischen Zustände."

Karl Marx und Friedrich Engels hatten diese Zeilen des *Kommunistischen Manifests* in **Brüssel** kaum auf's Papier gebracht, da ergriff die Revolution von 1848/49 Europa. Es gab Aufstände in vielen Ländern. Köln war eines der Zentren der deutschen Revolution. Am 3. März 1848 kamen hier vor dem Rathaus mehrere Tausend Protestierende zusammen. Der Armenarzt Andreas Gottschalk trug die Forderungen vor: Pressefreiheit, Versammlungsfreiheit, Sicherstellung der Lebensbedürfnisse. Preußisches Militär marschierte auf. Die Menschen strömten ins Rathaus. Es kam zum *Kölner Fenstersturz*: In der Aufregung sprangen zwei Mitglieder des Stadtrats aus dem Fenster, einer brach sich die Beine. Die Revolution war da – Marx und Engels kehrten im April 1848 nach Köln zurück.

Übrigens: Der Turm des *Historischen Rathauses* wurde nach weitgehender Zerstörung im Zweiten Weltkrieg wieder aufgebaut. Später wurde er mit neuen Skulpturen verziert. An der Südfassade im zweiten Obergeschoss zeigt eine davon Karl Marx. Die Südfassade ist aus der Piazzetta heraus zu sehen.

Friedrich Engels wohnte nicht weit von hier. Das Haus stand etwa da, wo heute das Wallraf-Richartz-Museum ist (Obenmarspforten 40).

Wie weiter?
Über Alter Markt und Unter Käster zum Heumarkt.

Einzig die Gedenktafel erinnert hier noch an die Zeitung.

Neue
Rheinische Zeitung
Organ der Demokratie

HIER BEFAND SICH VOM 28. AUGUST 1848
BIS 19. MAI 1849 DIE REDAKTION DER „NEUEN
RHEINISCHEN ZEITUNG". UNTER LEITUNG
VON KARL MARX WIRKTEN HEINRICH BÜRGERS,
ERNST DRONKE, FRIEDRICH ENGELS,
FERDINAND FREILIGRATH, GEORG WEERTH,
FERDINAND WOLFF UND WILHELM WOLFF
AN EINEM DER BEDEUTENDSTEN
BLÄTTER DER DEMOKRATISCHEN BEWEGUNG
IN DER REVOLUTION VON 1848/49.

Neue Rheinische Zeitung

Fünf Jahre nach dem Ende der *Rheinischen Zeitung* gründeten Karl Marx und Friedrich Engels die *Neue Rheinische Zeitung*. Als parteiische Zeitung der Revolutionsjahre erhielt sie den Namenszusatz *Organ der Demokratie*. Die erste Ausgabe erschien im Juni 1848. Karl Marx wurde Chefredakteur. Zur Redaktion gehörten neben Friedrich Engels auch die Dichter Ferdinand Freiligrath und Georg Weerth sowie der Publizist Wilhelm Wolff. Hier befand sich das Redaktionsbüro.

Die Auflage der *Neuen Rheinische Zeitung* stieg schnell. Sie forderte eine unteilbare deutsche Republik, kommentierte das revolutionäre Geschehen und wurde zu einem der „bedeutendsten Blätter der demokratischen Bewegung in der Revolution von 1848/49", wie hier am Heumarkt zu lesen ist.

Die Behörden schikanierten die Redaktion regelmäßig. Dies gipfelte im Mai 1849 in der Ausweisung von Karl Marx. Ihm wurde eine Frist zur Ausreise gesetzt. Die *Neue Rheinische Zeitung* stand vor dem Aus. Die letzte Ausgabe vom 18. Mai 1849 trug die Nummer 301. Alle Texte waren in roter Schrift gehalten. Sie war sofort ausverkauft. Der Abschiedsgruß war den Kölner Arbeitern gewidmet: „Die Redakteure der *Neuen Rheinischen Zeitung* danken Euch beim Abschiede für die ihnen bewiesene Teilnahme. Ihr letztes Wort wird immer und überall sein: Emanzipation der arbeitenden Klasse!"

Die letzte Ausgabe der Neuen Rheinischen Zeitung konnte im Kölnischen Stadtmuseum bewundert werden. Die Dauerausstellung wird jedoch überarbeitet. Sie öffnet voraussichtlich 2021 in neuem Gebäude. Dann jedoch ohne die Zeitung, dafür mit der Fahne der Demokratischen Gesellschaft (siehe nächste Seite). ⊕ *www.koelnisches-stadtmuseum.de*

Wie weiter?

Vom Heumarkt über Gürzenichstraße zum Gürzenich.

⊙ *Heumarkt 65, 50667 Köln*

MARTIN
STRASSE

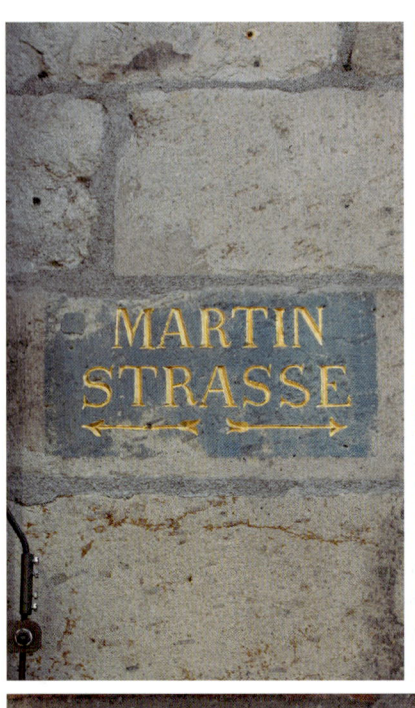

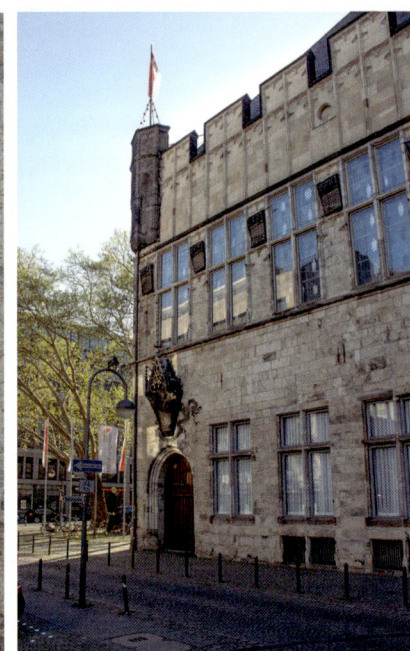

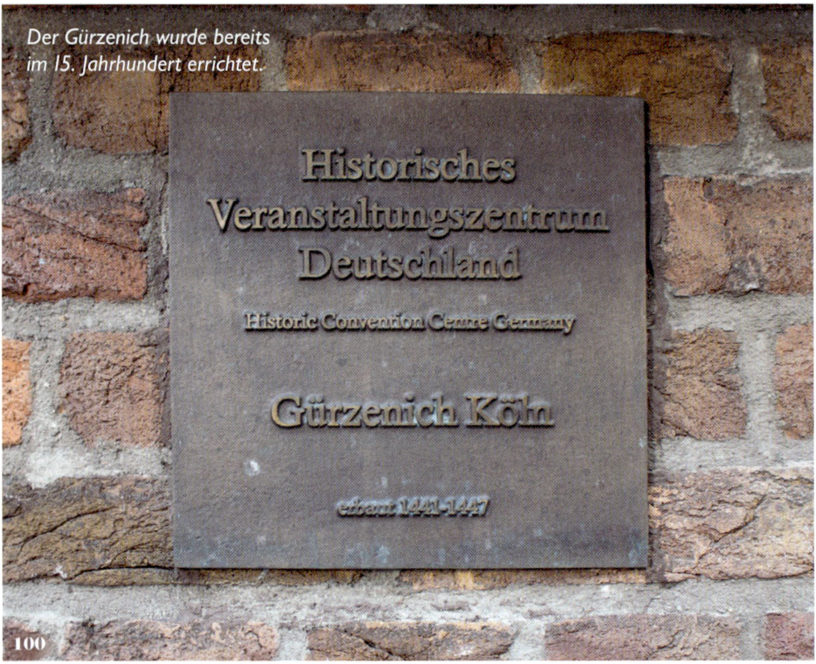
Historisches
Veranstaltungszentrum
Deutschland
Historic Convention Centre Germany
Gürzenich Köln
erbaut 1441-1447

Der Gürzenich wurde bereits im 15. Jahrhundert errichtet.

Kölner Arbeiterverein im Gürzenich

„Meine Herren! Die Versammlung, welche heute statt-findet, ist eine Versammlung des Arbeitervereins." Mit diesen Worten eröffnete am 24. April 1848 hier im *Gürzenich* Andreas Gottschalk die Generalversamm-lung des *Kölner Arbeitervereins*. Dreitausend stimmbe-rechtigte Mitglieder fanden sich in dem historischen Veranstaltungszentrum ein. Der rund zwei Wochen zuvor gegründete Arbeiterverein wuchs später auf fast achttausend Mitglieder an. Er wurde zum größten in den deutschen Ländern. Der *Kölner Arbeiterverein* pub-lizierte auch die Zeitung *Freiheit, Brüderlichkeit, Arbeit!*

Zwischen Karl Marx und dem Vorsitzenden des Arbeitervereins Andreas Gottschalk gab es jedoch erhebliche Differenzen. Marx und Engels engagierten sich daher zunächst in der eher bürgerlichen *Demokra-tischen Gesellschaft*. Dort bauten sie ihren Einfluss aus. Eine Woche nachdem Gottschalk auf der Juni-Gene-ralversammlung des Arbeitervereins die Einführung der Republik gefordert hatte, wurde er verhaftet. Nun traten auch Marx und Engels der Organisation bei. Von Oktober 1848 bis Februar 1849 war Karl Marx der Vorsitzende des *Kölner Arbeitervereins*.

Marx wurde im Mai 1849 ausgewiesen. Die Revo-lution war besiegt. Der *Kölner Arbeiterverein* stand kurz vor seinem Ende. Engels ging nach Zwischenstopps nach **Manchester** (Kapitel 7), Marx nach **London** (Kapitel 8). Andreas Gottschalk starb am 8. September 1849 in Köln an Cholera.

Andreas Gottschalk ist auf dem Mela-ten-Friedhof begraben (Aachener Straße 204). Von der Trauer-halle kommend, liegt das Grab rechts vom Hauptweg etwa in der Mitte der Lit. K.

Wie weiter?

Weiter über Gürze-nichstraße, links auf Hohe Straße, rechts auf Cäcilienstraße. Eine Wohnung von Marx befand sich am heutigen VHS-Stand-ort (Cäcilienstraße 35). Dort gab es eine Gedenktafel, die jedoch verschwunden ist. Weiter über Cäcilienstraße bis Neumarkt. ⚑

⦿ *Martinstraße 29–37, 50667 Köln*

5

Paris

Willkommen in der Stadt der Revolutionen, willkommen im Paris des 19. Jahrhunderts!

Paris war die größte Stadt des europäischen Festlands. Mitte des 19. Jahrhunderts lebten hier rund eine Million Menschen, davon sechzigtausend Deutsche. Seit der Julirevolution von 1830 regierte Louis-Philippe I. Soziale Probleme wurden von ihm ignoriert. Arbeiterzusammenschlüsse und Demonstrationen waren illegal. Es gab kaum Investitionen in die Infrastruktur – die Wasserversorgung und die Kanalisation waren desolat. Choleraepidemien mit Tausenden Toten waren die Folge.

Doch es gab auch das Paris der Wohlhabenden. Das Bürgertum erlebte einen Aufschwung. Das Motto lautete *Bereichert Euch!* Die *Champs-Élysées* wurde umgestaltet, die Boulevards asphaltiert und mit Gaslaternen versehen. Es gab Cafés, Restaurants, Theater und Bordelle. Nirgends sonst in Europa bestand ein solches Angebot. Die sozialen Unterschiede im Paris des 19. Jahrhunderts waren enorm.

Daneben war die Stadt auch ein Zentrum für kritische Intellektuelle und Künstler, Sozialisten und Revolutionäre. Dies führte, gepaart mit den herrschenden Problemen, zu mehreren Aufständen. Die in Frankreich spät einsetzende Industrialisierung nahm in den 1840er Jahren an Fahrt auf. Die Probleme und die Unzufriedenheit in der Bevölkerung wuchsen. 1848 besiegelte die Februarrevolution das Ende der Herrschaft von Louis-Philippe I.

Heute leben in Paris mit über zwei Millionen Menschen doppelt so viele wie zur Mitte des 19. Jahrhunderts. Das Ballungsgebiet ist sogar um ein Vielfaches größer. Die Stadt hat noch immer einen ganz besonderes Flair. Es gibt schöne Cafés, verborgene Hinterhöfe und lebendige Märkte. Hinzu kommen berühmte Sehenswürdigkeiten.

Der *Eiffelturm* ist die bekannteste Attraktion. Die *Champs-Élysées* bietet sich noch immer zum Flanieren an. Ein Besuchermagnet ist *Notre-Dame*, die im Jahr 2019 durch einen Großbrand beschädigte Kathedrale auf der Seine-Insel. Eines der weltweit größten und bekanntesten Museen ist der *Louvre* – die *Mona Lisa* von *Leonardo da Vinci* ist das dortige Highlight. Auch das *Musée National d'Art Moderne* und das *Musée d'Orsay* ziehen zahlreiche Besucher an. Im *Invalidendom* liegt Napoleons Grab, der größte Friedhof der Stadt ist *Père Lachaise*. Über eine Million Menschen sind dort unter einfachen Platten, neben teils grotesken Grabfiguren und in stattlichen Mausoleen begraben.

Der Aufenthalt von Karl Marx und Friedrich Engels ist an vielen Orten noch erkennbar. Erhalten sind ein Wohnhaus, in dem Marx lebte, das Grab seiner Tochter Laura und das Cafégebäude, in dem seine Zusammenarbeit mit Engels begann. Auch steht das Gebäude der Zeitung *Vorwärts!* noch, für die Marx und Engels Artikel verfassten. Der Spaziergang auf ihren Spuren führt einmal quer durch das Stadtzentrum – vom *Invalidendom* im Westen bis *Père-Lachaise* im Osten.

Weitere Infos: Reise Know-How City|Trip Paris und City|Trip PLUS Paris

Marx & Engels in Paris

KARL MARX ENTWICKELTE SICH IN PARIS ZUM KOMMUNIS-
TEN UND WURDE ZUM ERSTEN MAL VATER. HIER BEGANN
AUCH SEINE ZUSAMMENARBEIT MIT FRIEDRICH ENGELS.

Jenny und Karl Marx lebten von 1843 bis 1845 in Paris. Fast ein Jahr dieser Zeit wohnte das frisch vermählte Paar in einem Wohnhaus an der Rue Vaneau. In Paris kam ihre erste Tochter zur Welt – nach der Mutter Jenny genannt.

Karl Marx und Arnold Ruge wollten in der Stadt die *Deutsch-Französischen Jahrbücher* herausgeben. Nach einem Doppelheft im Februar 1844, dem auch Engels Texte von Manchester aus beisteuerte, wurden sie wieder eingestellt.

Karl Marx begann daraufhin für den *Vorwärts!* zu schreiben. Neben Artikeln von Friedrich Engels steuerte auch Heinrich Heine sein heute bekanntes Weberlied bei. Heine wurde in Paris ein enger Freund von Marx.

Jenny Marx, später Longuet
(1844 – 1883)
Tochter von Karl Marx

Arnold Ruge
(1802 – 1880)
Schriftsteller

Heinrich Heine
(1797 – 1856)
Dichter

Im August 1844 kam es im *Café de la Régence* zum ersten richtigen Zusammentreffen von Karl Marx und Friedrich Engels. ❹ Engels blieb anschließend zehn Tage zu Gast bei Marx – der Beginn ihrer gemeinsamen Arbeit. Ein halbes Jahr später verließ die Familie Marx Frankreich, da Karl Marx aufgrund der Arbeit beim *Vorwärts!* ausgewiesen wurde. 1871 erhoben sich in Paris die Arbeiter und die Nationalgarde gegen die bürgerliche Regierung – die *Pariser Kommune* war geboren. ❺ Karl Marx verfolgte von London aus die Ereignisse. Seine Broschüre

Die Barrikaden der Pariser Kommune.

> **„Die Revolutionen sind die Lokomotiven der Geschichte."**
>
> *Karl Marx, Die Klassenkämpfe in Frankreich 1848 bis 1850*

Der Bürgerkrieg in Frankreich brachte ihm internationalen Erfolg. Die in Brüssel geborene zweite Tochter von Karl Marx, Laura, ist in Paris begraben. Laura war mit dem französischen Arzt und Sozialisten Paul Lafargue verheiratet. Sie nahmen sich 1911 gemeinsam das Leben. Ihr Grab befindet sich auf dem Friedhof *Père Lachaise*. ❻

Paul Lafargue

(1842 – 1911)
Mann von Laura Marx

DEUTSCH-FRANZÖSISCHE

JAHRBÜCHER

herausgegeben

von

Arnold Ruge und Karl Marx.

1ste und 2te Lieferung.

PARIS,

IM BUREAU DER JAHRBÜCHER, } RUE VANNEAU, 22.
AU BUREAU DES ANNALES.

1844

Titelblatt der Deutsch-Französischen Jahrbücher.

SPAZIERGANG DURCH PARIS

DER SPAZIERGANG IST ETWA NEUN KILOMETER LANG. ER
BEGINNT AM *INVALIDENDOM.* ⚑ VON DORT GEHT ES ÜBER
PLACE VAUBAN UND AVENUE DE VILLARS. LINKS AUF RUE
D'ESTRÉES UND RUE DE BABYLONE BIS ZUR RUE VANEAU
NUMMER 38, DEM *WOHNHAUS VON KARL MARX.* ❶

Map legend:

- Parc de Belleville
- © REISE KNOW-HOW
- Marx_05
- 0 — 400 m
- 1/20
- Bd. St. Martin
- Pl. de la République
- Rue de Turbigo
- Boulevard de Belleville
- Boulevard Voltaire
- Avenue de la République
- Lycée Voltaire
- GAMBETTA Ⓜ
- PÈRE LACHAISE Ⓜ
- Cimetière du Père Lachaise
- **6**
- Mur des Fédérés
- Boulevard Beaumarchais
- Boulevard Richard Lenoir
- Pl. des Vosges
- Pl. de la Bastille
- PHILIPPE AUGUSTE Ⓜ
- ALEXANDRE DUMAS Ⓜ
- Boulevard de Charonne
- Avenue Philippe Auguste
- Île St Louis
- Boulevard Bourdon
- Boulevard de la Bastille
- Opéra Bastille
- Pl. Dr. Antoine Béclère
- Place de la Nation
- Boulevard Voltaire
- Universités Paris VI–Paris VII Pierre et Marie Curie
- Seine
- Quai de la Rapée
- Avenue Daumesnil
- Bd. Diderot
- GARE DE LYON
- Jardin des Plantes
- Place Valhubert
- Boulevard de l'Hôpital
- GARE D'AUSTERLITZ
- Jardin de Reuilly

1 **Wohnhaus von Karl Marx**

38 Rue Vaneau

3 **Vorwärts!**

Ecke Rue des Petits Champs / Rue des Moulins

5 **Hôtel de Ville**

Place de l'Hôtel de Ville

2 **Deutsch-Französische Jahrbücher**

22 Rue Vaneau

4 **Café de la Régence**

155 Rue Saint-Honoré

6 **Grab von Laura Lafargue**

16 Rue du Repos

Das erhaltene Wohnhaus von Karl Marx.

Wohnhaus von
Karl Marx

Im Oktober 1843 kamen Jenny und Karl Marx nach Paris. Nach dem Ende der *Rheinischen Zeitung* in **Köln** hatten sie zuvor in **Bad Kreuznach** geheiratet (Seite 198). In Paris lebten sie nur fünfzehn Monate. Die Zeit war jedoch von großer Bedeutung: Karl Marx freundete sich mit Engels an, traf Persönlichkeiten wie Heinrich Heine, Michail Bakunin und Pierre-Joseph Proudhon – und wurde Kommunist. Fast ein Jahr der Pariser Zeit lebte er in diesem erhaltenen Wohnhaus an der Rue Vaneau, von März 1844 bis Februar 1845.

In dem Haus wohnten auch der Schriftsteller Arnold Ruge und seine Frau Agnes. Die beiden hatten ursprünglich die Absicht, mit der Familie Marx und zwei weiteren Eheleuten eine besondere Wohnge-meinschaft zu gründen: Es sollte ein „Stück Commu-nismus" gelebt werden. Daraus wurde jedoch nichts. Nur die Eheleute Marx und Ruge bezogen zwei Etagen im Haus. Nach Streitigkeiten verabschiedeten sich die Ruges auch recht bald wieder.

In Paris verbrachten Jenny und Karl Marx glückli-che Monate. Das frisch vermählte Paar bekam am 1. Mai 1844 die erste Tochter, nach der Mutter Jenny genannt. Wenig später wurde Jenny Marx mit ihrer zweiten Tochter schwanger. Laura kam am 26. Sep-tember 1845 in **Brüssel** zur Welt. Die dritte Tochter Eleanor wurde am 16. Januar 1855 in **London** geboren.

Marx wohnte in dieser Straße noch an weiteren Adressen: Zunächst ein paar Tage in Nummer 26, dann in einem Hotel mit Nummer 11, dann in Nummer 31. Eine Postadresse gab es an Nummer 23.

Wie weiter?

Ein paar Meter weiter durch die Straße zur Nummer 22, wo sich das Büro der Deutsch-Französischen Jahrbü-cher befand.

⊚ *38 Rue Vaneau, 75007 Paris*

Heute befindet sich nebenan die syrische Botschaft.

Deutsch-Französische Jahrbücher

Karl Marx und Arnold Ruge gründeten in Paris die *Deutsch-Französischen Jahrbücher*. Das Redaktionsbüro befand sich in einem Vorgängerbau an dieser Stelle, vermutlich im Erdgeschoss. In der kritischen Zeitschrift sollten Autoren beider Länder vertreten sein. Doch der Plan schlug fehl. Weder Proudhon noch ein anderer Franzose beteiligten sich. Mit Ausnahme des Russen Bakunin waren nur Deutsche vertreten. Lediglich ein Doppelheft erschien im Februar 1844. Darin fanden sich Heines *Lobgesänge auf König Ludwig* und Marx' *Zur Kritik der Hegelschen Rechtsphilosophie*.

Ein aus **Manchester** eingeschickter Text ließ Karl Marx aufhorchen. „Die Konkurrenz setzt also Kapital gegen Kapital, Arbeit gegen Arbeit, Grundbesitz gegen Grundbesitz, und ebenso jedes dieser Elemente gegen die beiden andern. Im Kampf siegt der Stärkere", hieß es dort in *Umrisse zu einer Kritik der Nationalökonomie*, und weiter: „Zuerst sind Grundbesitz und Kapital jedes stärker als die Arbeit, denn der Arbeiter muss arbeiten, um zu leben, während der Grundbesitzer von seinen Renten und der Kapitalist von seinen Zinsen, im Nothfalle von seinem Kapital oder dem kapitalisirten Grundbesitz leben kann. Die Folge davon ist, dass der Arbeit nur das Allernothdürftigste, die nackten Subsistenzmittel zufallen, während der grösste Theil der Produkte sich zwischen dem Kapital und dem Grundbesitz vertheilt." Dem Autor war Marx zuvor nur einmal begegnet. Der Text war von Engels – ein Briefkontakt zwischen ihnen begann.

Produziert wurden die Deutsch-Französischen Jahrbücher in einer Druckerei, die sich auf dem Montmartre befand.

Wie weiter?

Weiter über Rue Vaneau, Rue de Bellechasse und Rue de la Légion d'Honneur bis zum Ende der Straße. Rechts auf Quai Anatole France. Vor Quai Voltaire (das Hotel am Quai Voltaire 19 war ein beliebter Treffpunkt für Frühsozialisten) links über die Brücke Pont Royal. Durch den Park über Avenue du Général Lemonnier, dann auf Rue des Pyramides. An der dritten Kreuzung auf Rue de Ventadour bis Rue des Petits Champs.

⊙ *22 Rue Vaneau, 75007 Paris*

Hier fanden die Redaktionssitzungen des Vorwärts! statt.

Vorwärts!

Nach dem Aus der *Deutsch-Französischen Jahrbücher* ❷ fand Karl Marx ab Sommer 1844 ein neues Projekt – er wurde Mitglied der Redaktion des *Vorwärts!* Das deutschsprachige Wochenblatt wurde einige Monate zuvor vom Verleger Heinrich Börnstein gegründet und sollte insbesondere die deutschen Emigranten in Paris ansprechen. In diesem Gebäude befand sich das Redaktionsbüro.

Bei den Redaktionssitzungen diskutierten hier lautstark zwölf bis vierzehn Personen. Manche saßen, andere standen oder liefen herum. Dabei wurde so stark geraucht, dass das ganze Zimmer in Qualmwolken gehüllt war. Karl Marx bestimmte zunehmend die Ausrichtung der Zeitung. Auch Friedrich Engels und Heinrich Heine steuerten wieder Texte bei. Neben Heines Verssatire *Deutschland. Ein Wintermärchen* wurde sein Weberlied als *Die armen Weber* abgedruckt: „Im düstern Auge keine Thräne, Sie sitzen am Webstuhl und fletschen die Zähne: Altdeutschland, wir weben dein Leichentuch, Wir weben hinein den dreifachen Fluch! Wir weben! Wir weben! Ein Fluch dem Gotte, dem blinden, dem tauben, Zu dem wir gebetet mit kindlichem Glauben". Übrigens: Heine und Marx wurden in Paris enge Freunde.

Die Reaktion auf die kritischen Artikel von Marx im *Vorwärts!* folgte bald. Im Januar 1845 wurden er und weitere Autoren auf Druck Preußens aus Frankreich ausgewiesen. Die Zeitung stand vor ihrem Ende.

> **Unser Tipp**
>
> *Das ehemalige Wohnhaus von Heinrich Heine aufsuchen (72 Rue du Faubourg Poissonnière). Der Dichter wohnte im vierten Stock. Das Haus schmückt eine Gedenktafel.*

Wie weiter?

Von Rue des Petits Champs rechts in die Rue Sainte-Anne. Links über Avenue de l'Opéra bis Rue Saint-Honoré.

⊚ *Ecke Rue des Petits Champs / Rue des Moulins, 75002 Paris*

Das Café de la Régence ist später mehrmals umgezogen.

Café de la Régence

In Paris gab es zur Mitte des 19. Jahrhunderts rund eintausend *Cafés*. Eines der bekanntesten war das *Café de la Régence*, das schon Rousseau, Voltaire und Benjamin Franklin besuchten. Daneben kamen auch bedeutende Schachspieler hierhin. Bis zu einem Umzug befand sich das *Café de la Régence* in diesem Gebäude.

Jenny Marx hatte Frankreich für einen Heimatbesuch mit der neugeborenen Tochter gerade verlassen, da kam es hier am 28. August 1844 zum ersten Treffen von Karl Marx und Friedrich Engels – abgesehen vom kurzen Zusammenstoß im Redaktionsbüro der *Rheinischen Zeitung* in **Köln**. Engels legte damals auf dem Weg von **Manchester** nach **Wuppertal** einen Zwischenstopp in Paris ein. Karl Marx und Friedrich Engels sollen im *Café de la Régence* tief in ihre Unterhaltung versunken gewesen sein, während sie mehrere Aperitife tranken. Anschließend blieb Engels zehn Tage zu Gast bei Marx in der Rue Vaneau. 1 Diskussionen, Alkohol und die Arbeit an der ersten gemeinsamen Schrift folgten – *Die Heilige Familie, oder Kritik der kritischen Kritik* erschien Anfang 1845.

Engels schrieb später: „Als ich Marx im Sommer 1844 in Paris besuchte, stellte sich unsere vollständige Übereinstimmung auf allen theoretischen Gebieten heraus, und von da an datiert unsre gemeinsame Arbeit." Heute befindet sich in den ehemaligen Räumen des *Café de la Régence* eine Buchhandlung.

Das Café war das berühmteste Schachcafé überhaupt.

Wie weiter?

Von Rue Saint Honoré über Place du Palais Royal zum Museum Louvre. Links auf Rue de Rivoli. Der Straße folgen bis zum Hôtel de Ville.

⊙ *155 Rue Saint-Honoré, 75001 Paris*

Das neu aufgebaute Hôtel de Ville – das Stadthaus von Paris.

5

Hôtel de Ville

„Als die *Pariser Kommune* die Leitung der Revolution in ihre eigne Hand nahm; als einfache Arbeiter zum erstenmal es wagten, das Regierungsprivilegium ihrer natürlichen Obern, der Besitzenden, anzutasten", so Marx, „da wand sich die alte Welt in Wutkrämpfen beim Anblick der roten Fahne, die, das Symbol der Republik der Arbeit über dem Stadthause wehte." *Der Bürgerkrieg in Frankreich* wurde die zu Lebzeiten erfolgreichste Schrift von Karl Marx.

Die *Pariser Kommune* gab es vom 18. März bis zum 28. Mai 1871. In Paris erhoben sich die Arbeiter und die Nationalgarde gegen die Regierung Frankreichs. Der revolutionäre Stadtrat führte Maßnahmen zur Verbesserung der Lebensbedingungen ein. „Ihr wahres Geheimnis", so Marx über die Kommune, war dies: „Sie war wesentlich eine Regierung der Arbeiterklasse, das Resultat des Kampfs der hervorbringenden gegen die aneignende Klasse".

Nach 72 Tagen wurde die *Pariser Kommune* in der Blutwoche durch Regierungstruppen niedergeschlagen. Zigtausende Kommunarden wurden ermordet. Das Stadthaus brannte bis auf die Fassade nieder. Karl Marx war zu dieser Zeit in **London**, von wo er die Ereignisse verfolgte. Seine Schwiegersöhne waren aktive Kommunarden – Jennys Charles Longuet, Lauras Paul Lafargue und Eleanors langjähriger Verlobter Prosper-Olivier Lissagaray. Eleanor übersetzte später Lissagarays *Geschichte der Kommune von 1871* ins Englische.

Unser Tipp

Nahe dem Grab von Laura Lafargue (siehe nächste Seite) befindet sich die Mur des Fédérés. 147 Kämpfer der Pariser Kommune wurden an der Mauer erschossen und verscharrt Regelmäßig finden hier Gedenken statt.

Wie weiter?

Weiter über Rue de Rivoli und Rue Saint-Antoine bis zum Place de la Bastille. Über die Rue de la Roquette gehts weiter bis zum Friedhof Père Lachaise.

◎ *Place de l'Hôtel de Ville, 75004 Paris*

Hier geht es auf den Friedhof Père Lachaise.

Karl-Jean LONGUET-MARX
SCULPTEUR
1904–1981

Robert-Jean LONGUET
Avocat et journaliste
1901–1987

Jean LONGUET
1876–1938

CONSEILLER GENERAL
ANCIEN DEPUTE DE LA SEINE

PAUL
LAFARGUE
1842–1911

LAURA
LAFARGUE
née MARX
1846–1911

Mme Vve Jean LONGUET
née DESVAUX
1873–1960

In der Grabstätte sind noch weitere Familienangehörige begraben.

Grab von Laura Lafargue

Père Lachaise ist einer der bekanntesten Friedhöfe der Welt. Nachdem der Friedhof betreten wurde, muss man den Spazierwegen rechts entlang bis zur *Division 76* folgen und dann rechts in die *Avenue Circulaire* einbiegen. Gegenüber der *Mur des Fédérés* liegt dann das Grab von Marx' Tochter Laura Lafargue.

Das Ehepaar Marx verlor vier Kinder früh, nur drei Töchter erreichten das Erwachsenenalter. Die älteste Tochter Jenny starb 1883 in **Argenteuil** (Seite 197), die jüngste Eleanor 1898 in **London**. Hier befindet sich das Grab von der mittleren Tochter Laura und ihrem Mann, dem französischen Sozialisten Paul Lafargue. Die beiden hatten sich bereits 1866 kennengelernt und zwei Jahre später geheiratet. 1911 nahmen sie sich gemeinsam das Leben. Paul Lafargue hinterließ eine Nachricht: „Gesund an Körper und Geist, töte ich mich selbst, bevor das unerbittliche Alter, das mir eine nach der anderen alle Vergnügungen und Freuden des Daseins genommen und mich meiner körperlichen und geistigen Kräfte beraubt hat, meine Energie lähmt, meinen Willen bricht und mich für mich und andere zur Last werden lässt." Den Trauerzug hierhin begleiteten fünfzehntausend Menschen; Lenin hielt eine Grabrede.

66 Jahre zuvor, Anfang 1845, wurde Lauras Vater aus Frankreich ausgewiesen. Als Wohnort folgte **Brüssel** (Kapitel 6).

*Zu Eleanor siehe auch Marx Memorial Library in **London** (Kapitel 8).*

Wie weiter?

Am Friedhof gibt es mehrere U-Bahn-Stationen, von denen man zurückfahren kann. ⚑

⊙ *16 Rue du Repos, 75020 Paris* ⊕ *www.pere-lachaise.com*
🕐 *Mo–Fr 8–17.30 Uhr (Mitte März–Oktober bis 18 Uhr); Sa 8.30–17.30 Uhr; So und Feiertage 9–17.30 Uhr (letzter Eintritt jeweils 15 Minuten vorher)* ⟳ *Eintritt frei*

6

Brüssel

Willkommen im Zentrum des liberalen Königreichs, willkommen im Brüssel des 19. Jahrhunderts!

1830 brachte die *Belgische Revolution* die Unabhängigkeit des Königreichs Belgiens von den Niederlanden. Belgien wurde eines der liberalsten Länder. Die Verfassung garantierte Meinungs-, Religions-, Presse- und Versammlungsfreiheit. Die *Industrielle Revolution* hatte die Region bereits erfasst. Mit seinen Steinkohleminen, Stahl- und Textilfabriken wurde Belgien eine führende Industrienation – einzig Großbritannien war schon weiter. Die Industrialisierung vollzog sich jedoch nicht einheitlich: Sie ergriff die Städte der Wallonie mit voller Kraft, die flämische Region hingegen kaum. Die soziale Spaltung nahm deutlich zu.

Brüssel wurde die Hauptstadt des Königreichs. Die wachsende Stadt hatte Mitte der 1840er Jahre bereits 130 000 Einwohner, fast alles Katholiken. Mehrere Tausend Deutsche wohnten hier. Aufgrund der fortschrittlichen Verfassung zogen auch viele politische Flüchtlinge in die Stadt. Es gab Handels- und Gewerbefreiheit, eine Sozialpolitik fehlte.

In den Jahren nach der Unabhängigkeit wurde zunächst der Kanal nach Charleroi eingeweiht, dann als eine der frühesten Bahnstrecken Europas die Trasse nach Mechelen. Auch wurde die *Université libre de Bruxelles* gegründet. In den 1840er Jahren eröffneten der Nordbahnhof und die Prachtpassage *Galeries Royales Saint-Hubert* – der Aufschwung wurde unübersehbar.

Brüssel ist heute nicht mehr nur die Hauptstadt von Belgien, sondern auch von Europa. Die Stadt verbindet Tradition und Moderne zu einer einzigartigen urbanen Mischung. Zahlreiche Menschen verschiedenster Nationen sind hier zu Hause. In der Hauptstadtregion Brüssel leben mittlerweile mehr als eine Million Menschen, bedeutend mehr als im 19. Jahrhundert. Neben einer großen Anzahl an Kneipen und Restaurants finden sich in der Stadt auch einzigartige Sehenswürdigkeiten.

Das *Atomium* gilt als Brüssels Wahrzeichen. Die Brunnenfigur *Manneken Pis* ist ein beliebtes Fotomotiv. Im Zentrum liegt der *Grand Place* – Sammelpunkt der Stadt und mit seinem Architekturensemble UNESCO-Weltkulturerbestätte. Nicht weit von dort zieht die gotische *Cathédrale des Saints Michel et Gudule à Bruxelles* die Besucher an. Es gibt mehr als einhundert Museen, darunter das *Musée des Sciences Naturelles* mit großer Dinosaurierausstellung oder die *Musées Royaux des Beaux-Arts de Belgique* mit Gemälden von Rubens.

An den Aufenthalt von Karl Marx und Friedrich Engels erinnern noch viele Spuren. Ein Haus, in dem Marx wohnte, ist ebenso erhalten wie das Gebäude des *Kommunistischen Korrespondenz-Komitees* und die Treffpunkte des *Deutschen Arbeitervereins* und der *Association Démocratique*. Der Rundgang zu den beiden Revolutionären verläuft vom zentral gelegenen *Manneken Pis* in den Südosten der Stadt, nach Ixelles. Von dort geht es wieder zurück in die Innenstadt.

Weitere Infos: Reise Know-How City|Trip Brüssel

Marx & Engels in Brüssel

KARL MARX UND FRIEDRICH ENGELS VERNETZTEN VON BRÜSSEL AUS DIE ARBEITERBEWEGUNG IN EUROPA. HIER SCHRIEBEN SIE AUCH *DAS KOMMUNISTISCHE MANIFEST*. DAS EHEPAAR MARX BEKAM DIE ZWEITE TOCHTER.

Karl Marx lebte mit seiner Frau Jenny und gleichnamiger Tochter ab 1845 in Brüssel. Hier wurde ihre zweite Tochter Laura geboren. Friedrich Engels zog ebenfalls in die Stadt. 1846 gründeten Marx und Engels das Brüsseler *Kommunistische Korrespondenz-Komitee*, um mit Kommunisten in Westeuropa in Kontakt zu treten und die Bewegung zu vernetzen.❶ Im Komitee zeigten sich bald Differenzen, die zum Bruch mit dem Schneidergesellen und

Laura Marx, später Lafargue

(1845–1911)
Tochter von Karl Marx

Wilhelm Weitling

(1808–1871)
Frühsozialist

Frühsozialisten Wilhelm Weitling führten. Im darauffolgenden Jahr gründeten Marx und Engels den Brüsseler *Deutschen Arbeiterverein*, der sich im *Le Cygne* traf.❹ Karl Marx hielt dort Vorträge zu *Lohnarbeit und Kapital*. In der *Association Démocratique* organisierten sich Belgier, die sich teilweise schon in der *Belgischen Revolution* engagiert hatten.❺ Daneben gehörten zur Organisation auch Emigranten verschiedener europäischer Länder. Karl Marx wurde

1847 Vizepräsident der *Association Démocratique*. Die Familie Marx wohnte die längste Zeit in Brüssel in einem Haus in Ixelles. ❷ Dort verfassten Karl Marx und Friedrich Engels im Winter 1847/48 *Das Kommunistische Manifest*. Ein weiterer regelmäßiger Wohnsitz der Familie war das *Hotel au Bois Sauvage*. ❸ Karl Marx wurde 1848 dort verhaftet und anschließend aus Belgien ausgewiesen. Die Familie Marx verließ das Land, Engels folgte ihnen kurze Zeit später.

> **„Die herrschenden Ideen einer Zeit waren stets nur die Ideen der herrschenden Klasse."**
>
> *Karl Marx / Friedrich Engels, Das Kommunistische Manifest*

> **„Die ganze Gesellschaft spaltet sich mehr und mehr in zwei große feindliche Lager, in zwei große, einander direkt gegenüberstehende Klassen: Bourgeoisie und Proletariat."**
>
> *Karl Marx / Friedrich Engels, Das Kommunistische Manifest*

Titelblatt des Kommunistischen Manifests.

1 **Kommunistisches Korrespondenz-Komitee**

Rue Bodenbroek 8

2 **Wohnhaus von Karl Marx**

Rue Jean d'Ardenne 50

3 **Hotel au Bois Sauvage**

Place Sainte-Gudule 19

4 **Deutscher Arbeiterverein im Le Cygne**

Grand Place 9

5 **Association Démocratique**

Rue de la Tête d'or 13

RUNDGANG DURCH BRÜSSEL

DER RUNDGANG IST FÜNFEINHALB KILOMETER LANG. ER BEGINNT AM *MANNEKEN PIS*. ⚑ VON DORT ÜBER RUE DE L'ETUVE, LINKS ÜBER RUE DES ALEXIENS, RUE DE ROLLEBEEK UND PLACE DU GRAND SABLON ZUR RUE BODENBROEK NUMMER 8, DEM *KOMMUNISTISCHES KORRESPON-DENZ-KOMITEE*.**1**

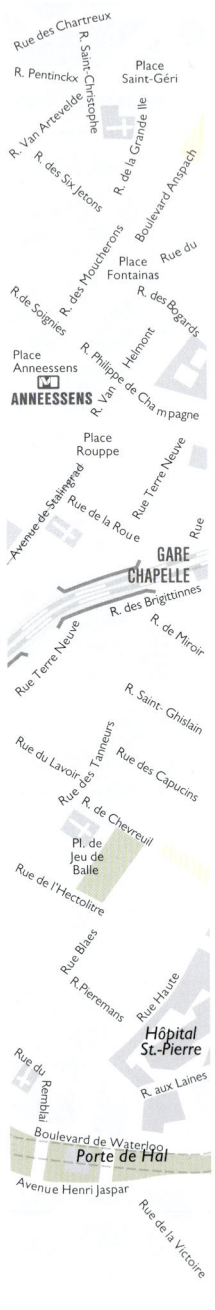

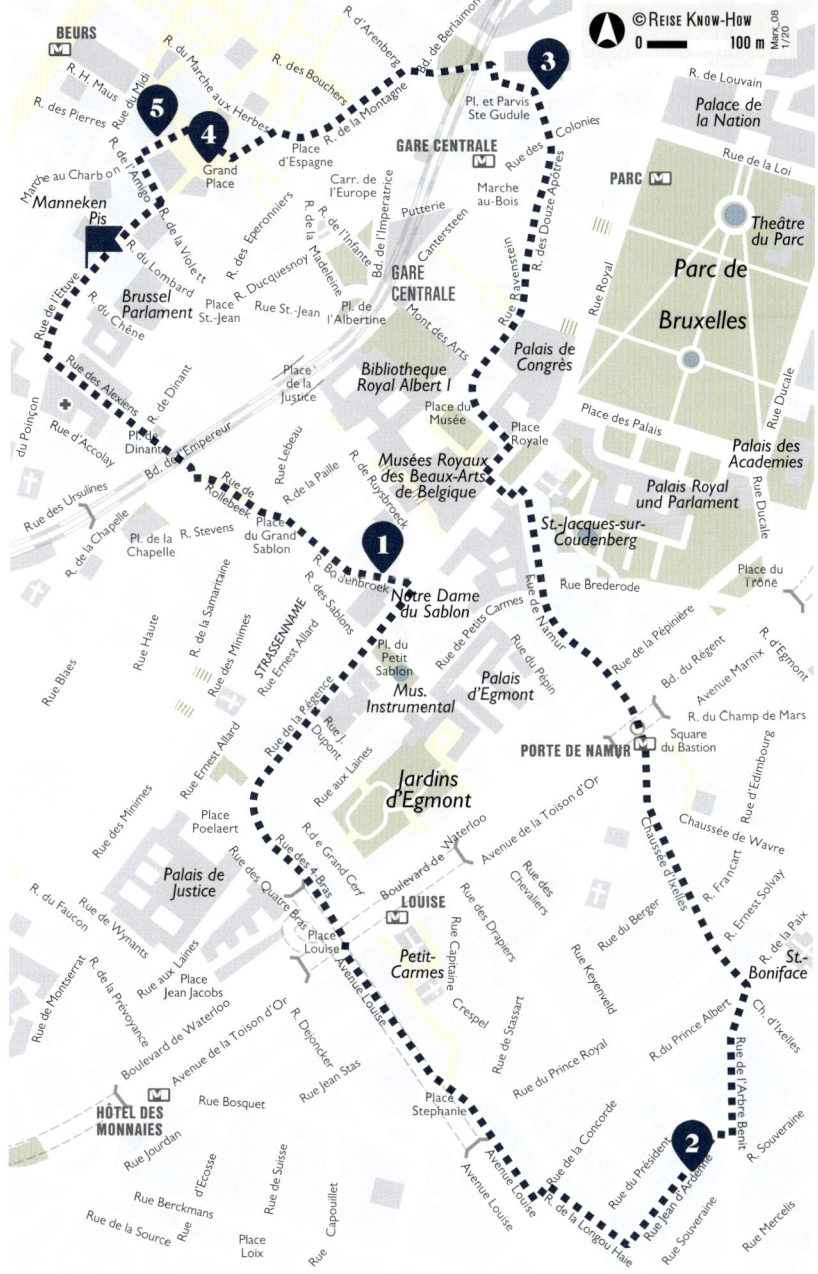

Bis vor einigen Jahren befand sich in dem Gebäude eine Musik-produktion.

MAISON FONDEE
EN 1832

ut pictura musica

FORUM

A LOUER
ESPACES
COMMERCIAUX

0476/84.37.00

Real Fine Art
Galerie

Kommunistisches Korrespondenz-Komitee

Ab Anfang 1845 wohnten Jenny und Karl Marx mit ihrer ersten Tochter in Brüssel. Im selben Jahr wurde die zweite Tochter Laura geboren. Für Belgien erhielt Marx eine Aufenthaltsgenehmigung – allerdings unter der Auflage, nichts über Tagespolitik zu publizieren. Im Frühjahr zog auch Friedrich Engels nach Brüssel. Zu Beginn des Jahres 1846 gründeten sie dann das Brüsseler *Kommunistische Korrespondenz-Komitee*. Hier war die offizielle Adresse.

Das *Kommunistische Korrespondenz-Komitee* wollte die kommunistischen Akteure in Europa kontaktieren. Die Bewegungen der einzelnen Länder sollten so vernetzt werden. Aus dem Vorhaben entwickelte sich ein globales Netzwerk. Briefe gingen insbesondere nach Frankreich, nach England und an die deutschen Kommunisten. Das Brüsseler Komitee wurde zur Zentralstelle. Achtzehn Personen zählten zu den Gründern des Komitees – unter anderem Jenny Marx, Moses Hess sowie die Dichter Ferdinand Freiligrath und Georg Weerth.

Im Brüsseler *Kommunistischen Korrespondenz-Komitee* kam es jedoch schnell zu ersten Differenzen. Bei einer Sitzung im März 1846 leitete Karl Marx den Bruch mit dem Frühsozialisten Wilhelm Weitling ein, indem er mit der Faust auf den Tisch schlug und dabei rief: „Niemals noch hat die Unwissenheit jemandem genützt!"

Gegenüber liegt der Square du Petit Sablon. Dort war das Anwaltshaus, wo Marx' Einbürgerung eingeleitet wurde.

Wie weiter?

Von Rue Bodenbroek rechts auf Rue de la Régence bis zum Justizpalast, in dessen Vorgängergebäude Marx' Ausweisung beschlossen wurde. Links auf Rue des Quatre Bras, über Place Louise auf Avenue Louise. Links auf Rue de la Longue Haie, links auf Rue Jean d'Ardenne.

◎ *Rue Bodenbroek 8, 1000 Brüssel*

*Hier wurde Das Kommunisti-
sche Manifest geschrieben.*

Cercle d'Histoire locale d'Ixelles

ICI VECUT

KARL MARX

1846 — 1848

Wohnhaus von
Karl Marx

Die Familie Marx zog im Oktober 1846 in dieses Haus in Ixelles. Zuvor kam sie in verschiedenen anderen Bleiben unter, wie dem *Hotel au Bois Sauvage.* ❸ Hier lebten sie bis Februar 1848. In der ärmlich möblierten Unterkunft sollten Karl Marx und Friedrich Engels eine der berühmtesten Schriften des 19. Jahrhunderts verfassen.

Im Sommer 1847 entstand in **London** eine neue Organisation, der *Bund der Kommunisten.* Auf seinem zweiten Bundeskongress einige Monate danach im Londoner *The Red Lion* wurden Marx und Engels mit der Erstellung einer programmatischen Schrift beauftragt. Diese verfassten sie im Winter 1847/48 innerhalb einiger Wochen in diesem Brüsseler Haus. Im Februar 1848 wurde das *Manifest der Kommunistischen Partei* in **London** gedruckt. Das Werk durchzog eine sprachliche Kraft – vom Anfang: „Ein Gespenst geht um in Europa – das Gespenst des Kommunismus" über „Die Geschichte aller bisherigen Gesellschaft ist die Geschichte von Klassenkämpfen" bis zum Schluss, „Mögen die herrschenden Klassen vor einer kommunistischen Revolution zittern. Die Proletarier haben nichts ihr zu verlieren als ihre Ketten. Sie haben eine Welt zu gewinnen. Proletarier aller Länder, vereinigt euch!"

Die Schrift wurde UNESCO-Welterbe und sollte als *Das kommunistische Manifest* in die Geschichte eingehen. Eine Originalseite ist im *International Institute of Social History* in **Amsterdam** zu sehen (Seite 197).

---

*Die Wohnhäuser von Marx und Engels in den Nordvierteln der Stadt wurden alle abgerissen. Zur Kneipe The Red Lion siehe auch **London** (Kapitel 8).*

Wie weiter?

Von Rue Jean d'Ardenne auf Rue de l'Arbre Bénit, links auf Chaussée d'Ixelles. Am Kreisverkehr auf Rue de Namur. Über Place Royale auf Coudenberg, Rue Ravenstein, Rue des Douze Apôtres und Rue de la Chancellerie auf Place Sainte-Gudule.

⊙ *Rue Jean d'Ardenne 50, 1050 Brüssel*

133

Hier wurde Karl Marx verhaftet.

Hotel au Bois Sauvage

Gegenüber der *Cathédrale des Saints Michel et Gudule à Bruxelles* befand sich an dieser Stelle im 19. Jahrhundert das *Hotel au Bois Sauvage*. Hier kam die Familie Marx mehrmals wochenlang unter. Das letzte Mal zogen sie ab Februar 1848 hier ein.

Am 3. März 1848 trafen sich im *Hotel au Bois Sauvage* Karl Marx und rund zehn weitere Kommunisten. Die Polizei beobachtete die abendliche Versammlung. In Frankreich war die Revolution ausgebrochen und die Regierung in Belgien wollte verhindern, dass sie auch ihr Land erfasst. Es wurde vermutet, dass Marx Waffen beschafft hatte. Nach dem Ende der Versammlung kamen ein Kommissar und zehn weitere Polizisten in das Hotel. Zunächst durchsuchten sie das Erdgeschoss, anschließend die zweite Etage. Aber sie fanden keine Waffen. Die Polizei konfiszierte daraufhin mehrere Dokumente. Karl Marx wurde unter dem Vorwand festgenommen, er hätte keine Papiere. Anschließend brachten sie ihn zum Gefängnis *Amigo* nahe dem *Grand Place*.

Kurz darauf wurde auch Jenny Marx verhaftet und über Nacht eingesperrt: „Es war dies der Ort, an welchem man obdachlose Bettler, heimatlose Wandrer, unglückliche, verlorene Frauen unterbringt. Man stößt mich in ein dunkles Gemach. Schluchzend trete ich ein, da bietet mir eine unglückliche Leidensgefährtin ihr Lager an. Es war eine harte Holzpritsche. Ich sinke aufs Lager nieder."

> **Unser Tipp**
>
> *Der Martyrs' Square liegt nicht weit entfernt. Dort sind 450 Kämpfer der Belgischen Revolution begraben, die zu einer relativ fortschrittlichen Verfassung führte.*

Wie weiter?
Den Place Sainte-Gudule runter und durch den Park auf die andere Straßenseite zur Rue de la Montagne. Von dieser links auf Rue de la Colline bis Grand Place.

⊙ *Place Sainte-Gudule 19, 1000 Brüssel*

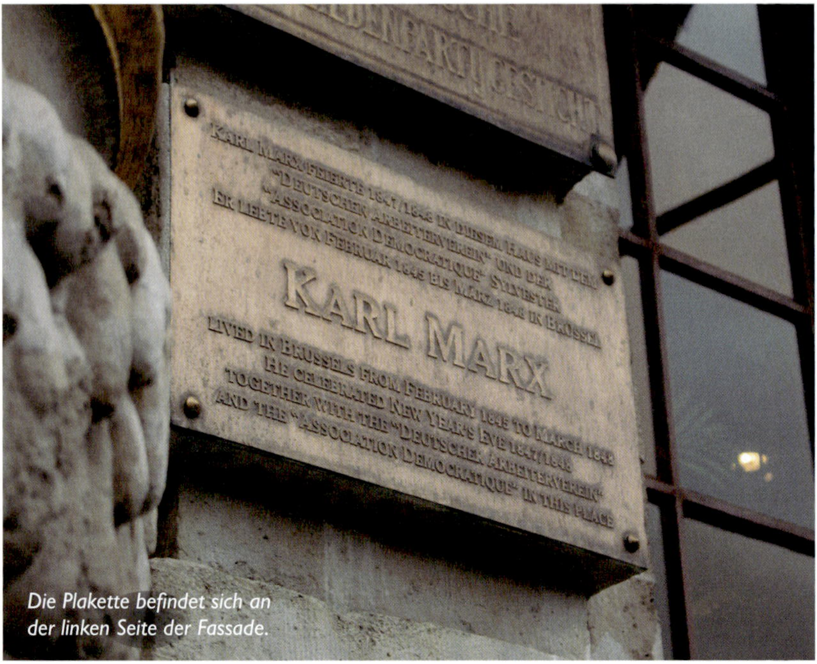
KARL MARX FEIERTE 1847/1848 IN DIESEM HAUS MIT DEM
"DEUTSCHEN ARBEITERVEREIN" UND DER
"ASSOCIATION DEMOCRATIQUE" SYLVESTER.
ER LEBTE VON FEBRUAR 1845 BIS MÄRZ 1848 IN BRÜSSEL
KARL MARX
LIVED IN BRUSSELS FROM FEBRUARY 1845 TO MARCH 1848
HE CELEBRATED NEW YEAR'S EVE 1847/1848
TOGETHER WITH THE "DEUTSCHER ARBEITERVEREIN"
AND THE "ASSOCIATION DEMOCRATIQUE" IN THIS PLACE

Die Plakette befindet sich an der linken Seite der Fassade.

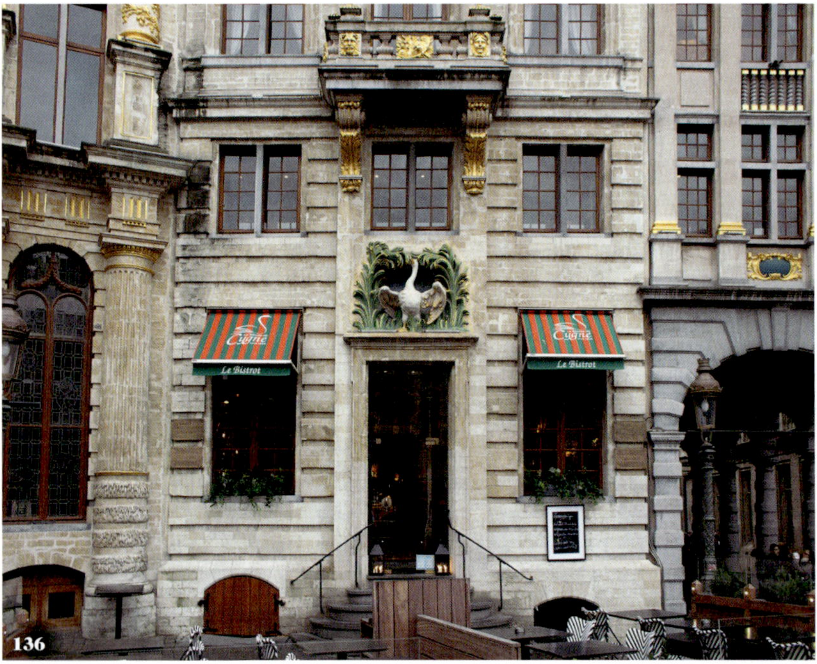
Cygne
Le Bistrot
Cygne
Le Bistrot

Deutscher Arbeiterverein im Le Cygne

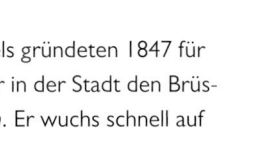

Karl Marx und Friedrich Engels gründeten 1847 für die vielen deutschen Arbeiter in der Stadt den Brüsseler *Deutschen Arbeiterverein*. Er wuchs schnell auf fast einhundert Mitglieder an. Der Arbeiterverein traf sich mittwochs und sonntags hier im *Le Cygne*, dem Schwan, einstiges Zunfthaus der Fleischer und damals eine Kneipe für die normale Bevölkerung.

1885 wurde hier auch die Belgische Arbeiterpartei gegründet.

Wie weiter?
Über den Grand Place zur Rue de la Tête d'or.

Mittwochs wurden aktuelle Themen diskutiert und Vorträge gehalten. Karl Marx referierte mehrmals zu *Lohnarbeit und Kapital*: „Die Existenz einer Klasse, die nichts besitzt als die Arbeitsfähigkeit, ist eine notwendige Voraussetzung des Kapitals. Die Herrschaft der aufgehäuften, vergangnen, vergegenständlichten Arbeit über die unmittelbare, lebendige Arbeit macht die aufgehäufte Arbeit erst zum Kapital." Er genoss die Auftritte. Sonntags gab es zunächst einen Überblick über das politische Geschehen. Dann wurde getrunken und gefeiert. Gelegentlich gab es Theaterspiel. Hin und wieder trat sogar Jenny Marx mit Liedern und Gedichten auf.

Besonders festlich waren die Silvesterfeiern im *Le Cygne*. Am Gebäude macht heute eine Gedenktafel auf Karl Marx und die Silvesterfeier 1847/48 des *Deutschen Arbeitervereins* und der *Association Démocratique* ❺ aufmerksam. Neben gotischem Rathaus und direkt am *Grand Place* gelegen, zieht das Restaurant *La Maison de Cygne* in dem 1698 errichteten Gebäude mittlerweile eher ein wohlhabendes Publikum an.

⊚ *Grand Place 9, 1000 Brüssel*

Heute ist ein Tabakladen im Gebäude.

Association Démocratique

In diesem Gebäude befand sich der Versammlungsort der oppositionellen und eher bürgerlichen *Association Démocratique*. Gelegentlich traf man sich auch im *Le Cygne*. ❹ In der Organisation engagierten sich Belgier, aber auch Franzosen, Schweizer, Polen und Deutsche. Im November 1847 wurde Karl Marx Vizepräsident der *Association Démocratique*. Auch Friedrich Engels war aktiv.

Im Januar 1848 hielt Marx vor der Organisation eine Rede über den Freihandel: „Wenn die Freihändler nicht begreifen können, wie ein Land sich auf Kosten des anderen bereichern kann, so brauchen wir uns darüber nicht zu wundern, da dieselben Herren noch weniger begreifen wollen, wie innerhalb eines Landes eine Klasse sich auf Kosten einer anderen bereichern kann."

Einen Monat später brach in Frankreich die Revolution aus. Die belgische Regierung wollte Unruhen verhindern. Die *Association Démocratique* wurde überwacht und viele ihrer Anhänger inhaftiert. Karl Marx ereilte es im *Hotel au Bois Sauvage*. ❸ Nach seiner Festnahme im März 1848 wurde er angewiesen, das Land innerhalb von vierundzwanzig Stunden zu verlassen. Er kam dem nach. Auch Friedrich Engels ging kurz darauf. Die Revolutionsjahre verbrachten sie hauptsächlich wieder in **Köln** (Kapitel 4). Anschließend ging Engels nach Zwischenstopps nach **Manchester** (Kapitel 7), Marx nach **London** (Kapitel 8).

Nicht weit von hier an der Rue de l'Amigo ist das Hotel Amigo. Dort stand das Gefängnis, wo Karl Marx vor seiner Ausweisung hingebracht und Jenny eine Nacht eingesperrt wurde.

Wie weiter?

Über Rue de l'Amigo vorbei am Hotel Amigo. Rechts über Rue de l'Etuve zurück zum Manneken Pis.

⊙ *Rue de la Tête d'or 13, 1000 Brüssel*

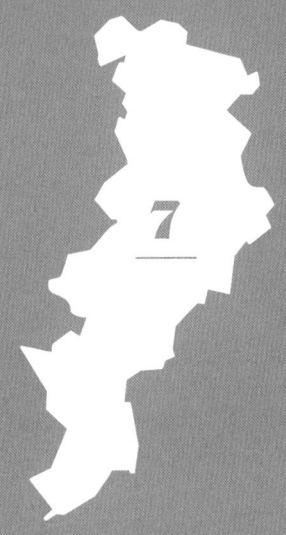

7

Manchester

Willkommen in *Cottonopolis*, willkommen im Manchester des 19. Jahrhunderts!

Manchester war das Herz der *Industriellen Revolution*. Keine andere Stadt wurde mit einer solchen Wucht erfasst. Aus ganz Großbritannien und Irland strömten die Menschen zum Arbeiten hierhin. Die Einwohnerzahl vervielfachte sich. Zu Beginn des 19. Jahrhunderts lebten weniger als 100 000 Menschen in der Stadt. 1840 waren es schon über 300 000. 1870 eine halbe Million. Als Zentrum der Baumwollindustrie erhielt Manchester den Spitznamen *Cottonopolis*.

Die Stadt symbolisierte dabei alle Schrecken der Industrialisierung. In den Hunderten von Baumwollspinnereien arbeiteten hunderttausende im Elend lebender Arbeiter – zum ersten Mal auch zahlreiche Frauen und Kinder. Den Takt gaben die Maschinen vor. Kinder arbeiteten von fünf Uhr morgens bis achtzehn Uhr abends. Dann löste sie die nächste Schicht ab. Der Lohn war niedrig, jegliche Absicherung fehlte. In den Arbeitervierteln hauste man auf engstem Raum und unter katastrophalen sanitären Bedingungen. Mehrmals brach die Cholera aus. Davon systematisch abgetrennt, lagen die guten Wohnviertel der Fabrikanten.

Manchesters Börse wickelte einen Großteil des internationalen Baumwollhandels ab. Durch die Stadt fuhren von Pferden gezogene Busse. Zwischen Manchesters Fabriken und Liverpools Hafen verkehrte ab 1830 die erste Dampfeisenbahn der Welt. Später folgten Verbindungen nach London, Birmingham und Hull.

☾

Manchester hat in der jüngeren Vergangenheit eine große Entwicklung vollzogen. Ganze Stadtteile und neue Kulturzentren sind entstanden. Aktuell leben hier rund eine halbe Million Menschen. Das entspricht in etwa der Bevölkerungszahl der 1870er Jahre. Das städtische Ballungsgebiet ist noch weit größer.

Einige imposante Bauten blieben erhalten: das gotische Rathaus auf dem *Albert Square*, die an eine Kathedrale erinnernde *John Rylands Library*, die *Free Trade Hall*. In der ehemaligen Börse ist heute das *Royal Exchange Theatre*. Hier kann man noch die große Halle sehen, in der die Baumwolle gehandelt wurde. Bekannt ist Manchester auch für Fußball: Es gibt das *National Football Museum*, das *Manchester United Museum* und Stadiontouren in *Old Trafford*. Die *Manchester Art Gallery*, *The Whitworth* und *The Lowry* zeigen imposante Kunstwerke. Im *Museum of Science and Industry* sind der älteste Passagierbahnhof der Welt und Dampfmaschinen zu sehen, die *Textiles Gallery* des Museums stellt die Baumwollverarbeitung und Arbeitsbedingungen in den Fabriken des 19. Jahrhunderts dar.

An den Aufenthalt von Karl Marx und Friedrich Engels erinnern wenige erhaltene Spuren, wie die *Chetham's Library*, in der sie ihre Recherchen betrieben, oder die Taufkirche von Engels' Lebensgefährtin. Der Rundgang zu den beiden Revolutionären führt größtenteils durch die Innenstadt von Manchester, sie ist relativ kompakt und gut überschaubar.

Weitere Infos: Reise Know-How City|Trip Manchester

Marx & Engels in Manchester

IN MANCHESTER FÜHRTE FRIEDRICH ENGELS ZWEI JAHR-
ZEHNTE LANG EIN DOPPELLEBEN ZWISCHEN ARBEITERN
UND FABRIKANTEN. KARL MARX ENTDECKTE HIER DEN
NUTZEN ENGLISCHER BIBLIOTHEKEN.

In Manchester betrieb die Firma der Familie Engels eine Baumwoll-spinnerei. Friedrich Engels kam mehrmals hierhin. Von 1842 bis 1844 lebte er hier, um seine kaufmännische Ausbildung abzuschlie-ßen. In diesen Jahren lernte Engels seine langjährige Partnerin kennen, die in der *St Mary's Catholic Church* getaufte irische Arbeite-rin Mary Burns. Burns zeigte Engels die Lebensbedingungen der Arbeiter. Durch sie lernte er Arbeiterslums wie *Little Ireland* kennen.

Seine Einblicke hielt er in dem Buch *Die Lage der arbeitenden Klasse in England* fest.

·····

Mary Burns

(1821–1863)
Lebensgefährtin von
Friedrich Engels

·····

1845 kehrte Friedrich Engels gemeinsam mit Karl Marx auf einer Reise nach Manches-ter zurück. Viel Zeit verbrachten sie in der *Chetham's Library.* Marx las dort die engli-schen Nationalökono-men und die Schriften des Frühsozialisten

Robert Owen. Engels zog 1850 erneut nach Manchester. In der Familienfirma arbeitete er zunächst als Proku-rist, später wurde er Teilhaber. Er führte viele Jahre in der Stadt ein Doppelleben zwischen Arbeitern und Fabrikan-ten. Eine einflussreiche Bewegung dieser Zeit

·····

Robert Owen

(1771–1858)
Frühsozialist

·····

waren in Großbritannien die Chartisten. [6] Marx und Engels standen in engem Kontakt mit ihnen, insbesondere mit dem Rechtsanwalt Ernest Jones vom linken Flügel der Bewegung. Über die Chartisten ist einiges im People's History

Ernest Jones
(1819–1869)
Führungspersönlichkeit der Chartisten

Museum zu erfahren. [4] Das Museum besitzt die größte Sammlung politischer Materialien in Großbritannien. 1869 verkaufte Friedrich Engels seine Firmenanteile und verließ kurz darauf Manchester. 2017 wurde ihm zu Ehren eine Statue errichtet. [3]

„Die Konkurrenz ist der vollkommenste Ausdruck des in der modernen bürgerlichen Gesellschaft herrschenden Kriegs Aller gegen Alle."

Friedrich Engels, Die Lage der arbeitenden Klasse in England

UNSER TIPP:

THE FROCK-COATED COMMUNISTS
Führung auf Englisch

⊙ Friedrich-Engels-Statue ⧖ 1,5 Stunden
🖙 10 Pfund
⊕ www.newmanchesterwalks.com
📱 +44 7769 298068
✉ info@newmanchesterwalks.com

Manchester im 19. Jahrhundert.

1 **Kirche von Mary Burns**

17 Mulberry Street

2 **Little Ireland**

8 Great Marlborough Street

3 **Friedrich-Engels-Statue**

First Street

4 **People's History Museum**

New Court Street

5 **Chetham's Library**

Long Millgate

6 **Chartisten**

Ecke Bow Lane / Cross Street

RUNDGANG DURCH

MANCHESTER

DER RUNDGANG IST FAST FÜNFEINHALB KILOMETER LANG. ER BEGINNT AM RATHAUS AUF DEM ALBERT SQUARE. ⚑ VON DORT DURCH DIE TASLE ALLEY UND MULBERRY PASSAGE ZUR *ST. MARY'S CATHOLIC CHURCH,* DER *KIRCHE VON MARY BURNS.* **1**

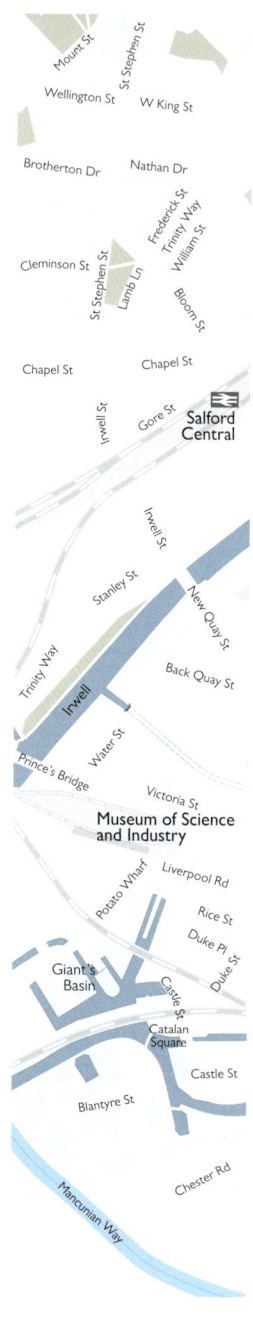

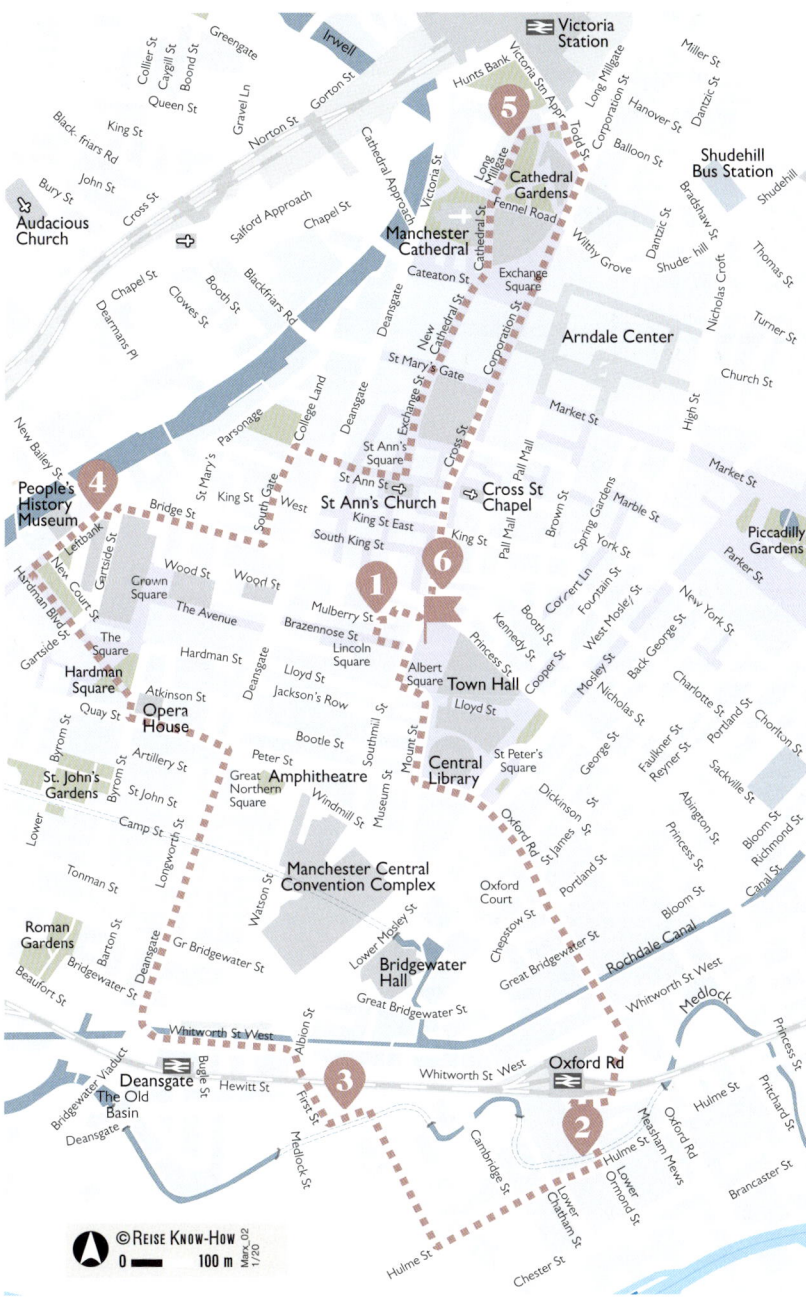

*Manchesters ver-
stecktes Juwel.*

Kirche von Mary Burns

Ermen & Engels, die Firma der Familie Engels, betrieb im Ballungsraum von Manchester eine Baumwollspinnerei (siehe auch **Salford**, Seite 221). Friedrich Engels wohnte daher mehrmals in Manchester. Sein erster längerer Aufenthalt von 1842 bis 1844 diente dazu, seine zuvor in **Bremen** (Seite 201) begonnene kaufmännische Ausbildung in der Familienfirma abzuschließen. In dieser Zeit traf er seine langjährige Partnerin Mary Burns.

Mary Burns wurde vermutlich am 29. September 1821 in Manchester geboren. Rund einen Monat später wurde sie hier in der St Mary's Catholic Church getauft. Die Kirche gab es seit 1794 inmitten eines der damals ärmsten Stadtviertel. Die hübsche Mary Burns war die Tochter des irischen Fabrikarbeiters Michael Burns und seiner Frau Mary Conroy. Mary Burns und ihre jüngere Schwester Lydia, genannt Lizzy, waren einfache irische Arbeiterinnen. Sie arbeiteten in einer der vielen Baumwollfabriken der Stadt, vielleicht sogar bei *Ermen & Engels*. Wie Engels sie genau kennenlernte, ist nicht bekannt.

Aufgrund der sozialen Unterschiede musste Friedrich Engels die Beziehung zu Mary Burns vor den Fabrikanten geheim halten. Neben seiner eigentlichen Wohnung unterhielt er später daher für die beiden Burns-Schwestern noch eine weitere. Seine Beziehung mit Marys Burns hielt bis zu ihrem Tod 1863. Anschließend lebte er mit ihrer Schwester Lydia zusammen.

Die Kirche wird auch The Hidden Gem (das versteckte Juwel) genannt.

Wie weiter?
Von Mulberry Street und Brazennose Street über Albert Square auf Mount Street. Links über Peter Street auf Oxford Street. Dann rechts über Wakefield Street Little Ireland betreten (siehe Tipp nächste Seite). Durch die Unterführung geht's über New Wakefield Street zur Plakette an der Great Marlborough Street.

◎ *17 Mulberry Street, Manchester M2 6LN*
⊕ *www.hiddengem.catholicfaith.co.uk* ⏰ *täglich 8–18 Uhr*

Durch diese Gassen streiften Mary Burns und Friedrich Engels.

SITE OF
LITTLE IRELAND
LARGE NUMBERS OF IMMIGRANT
IRISH WORKERS LIVED HERE IN
APPALLING HOUSING CONDITIONS
BUILT   C. 1827
VACATED   C. 1847
DEMOLISHED   C. 1877

Little Ireland

Mary Burns führte Friedrich Engels in England in die
Welt der Arbeiter ein. Durch sie konnte er die Slums
von Manchester und **Salford** betreten (Seite 221), in
denen die Arbeiter hausen mussten – und deren Zutritt normalerweise zu gefährlich war. Seine Einblicke
brachten Engels zu einem Pionierwerk der empirischen
Sozialforschung: *Die Lage der arbeitenden Klasse in
England – Nach eigener Anschauung und authentischen
Quellen* erschien 1845 und wurde ein großer Erfolg.

Hier befand sich *Little Ireland* – einer der berüch-
tigtsten Slums von Marys Landsleuten und laut Engels'
Buch der „abscheulichste Fleck". Wie die Gegend aus-
sah, schilderte er so: „In einem ziemlich tiefen Loche,
das in einem Halbkreis vom Medlock und an allen vier
Seiten von hohen Fabriken, hohen bebauten Ufern
oder Aufschüttungen umgeben ist, liegen in zwei
Gruppen etwa 200 Cottages, meist mit gemeinschaft-
lichen Rückwänden für je zwei Wohnungen, worin
zusammen an 4000 Menschen, fast lauter Irländer,
wohnen. Die Cottages sind alt, schmutzig und von der
kleinsten Sorte, die Straßen uneben, holperig und zum
Teil ungepflastert und ohne Abflüsse; eine Unmasse
Unrat, Abfall und ekelhafter Kot liegt zwischen stehenden Lachen überall herum, die Atmosphäre ist durch
die Ausdünstungen derselben verpestet und durch
den Rauch von einem Dutzend Fabrikschornsteinen
verfinstert und schwer gemacht."

◎ *8 Great Marlborough Street, Manchester MI 5NN*

Unser Tipp

*Kurze Pause in
Little Ireland einle-
gen und ein kühles
Guinness im Pub
The Salisbury
(2 Wakefield Street)
genießen. Außen
am Pub erinnert
eine Gedenktafel
an Little Ireland.*

Wie weiter?

*Von Great Marlbo-
rough Street rechts
auf Hulme Street. An
Kreuzung Wilmott
Street wieder rechts.
An der Abbiegung
weiter geradeaus,
zwischen den Gebäu-
den durch zur Fried-
rich-Engels-Statue.*

Die alte sowjetische Statue vor dem neuen Einkaufszentrum.

Ф.ЭНГЕЛЬС

Friedrich Engels 1970/2017

Friedrich-Engels-Statue

Friedrich Engels kehrte von 1850 bis 1869 nach Manchester zurück. Bei *Ermen & Engels* war er die ersten Jahre als Prokurist beschäftigt. 1864 wurde er Teilhaber der Firma. Das dort verdiente Geld reichte nicht nur für ihn, er konnte neben den Burns-Schwestern auch die Familie Marx bezuschussen. Damit ermöglichte er es Karl Marx, seinen Studien nachzugehen. Die gesamten Jahre über bewegte Engels sich dabei in zwei Welten – als Fabrikant ging er zur Fuchsjagd, als Kommunist verkehrte er unter Arbeitern.

Aufgrund dieser enormen Relevanz von Friedrich Engels für die Stadtgeschichte wurde ihm 2017 an dieser Stelle ein Denkmal gesetzt. Der Künstler Phil Collins wollte allerdings keine neue Statue schaffen. Stattdessen sollte eine alte Statue aus der ehemaligen Sowjetunion hergebracht werden. Nach deren Ende wurden viele der dortigen Denkmäler zerstört oder abgebaut.

Fündig wurde Collins in der Ukraine. In Poltava trieb er eine dreieinhalb Meter hohe Engels-Statue aus den 1970er Jahren auf – in zwei Hälften geteilt und mit Farbe beschmiert. Die Reise der Statue nach Manchester wurde ein künstlerisches Projekt anlässlich des *Manchester International Festivals*. Es gab mehrere Stopps an Orten aus dem Leben von Friedrich Engels. Anschließend erhielt sie hier ihren dauerhaften Standort.

Südlich von hier hat Engels in mehreren Häusern gewohnt, von denen jedoch keines mehr steht. Es gibt lediglich eine Plakette an einem ehemaligen Standort an der Oxford Road, auf dem abgesperrten Gelände einer Studentenresidenz.

Wie weiter?

First Street Richtung Whitworth Street, dann links. Bei Deansgate rechts, an Quay Street wieder links. Rechts in die Byrom Street und sofort schräg links über Hardman Square und Hardman Boulevard. Rechts über Irwell Square zum People's History Museum.

⊙ *First Street, Manchester MI5 4GU*

Das People's History Museum aus Sicht der anderen Flussseite.

People's History Museum

Das *People's History Museum* besitzt die größte Sammlung politischer Materialien in Großbritannien. Auf fast
1400 Quadratmetern Ausstellungsfläche ziehen rund
1500 historische Objekte jedes Jahr über 100 000
Besucher an. Der Kampf für demokratische Rechte
und die Arbeitergeschichte werden ebenso gezeigt wie
die weltweit bedeutendste Sammlung von gewerk-
schaftlichen und politischen Bannern. Das Museum
beherbergt zudem die Bestände der *Labour Party* und
der *Communist Party of Great Britain*.

Den Kern des Museums bildet eine Ausstellung
auf zwei Etagen. Dort werden 200 Jahre britischer
Geschichte dargestellt, unterteilt in sieben Themen-
bereiche: *Revolution* stellt die *Industrielle Revolution*
und deren Folgen für die Arbeiter dar, ebenso das
Peterloo-Massaker von 1819. In *Reformers* dreht sich
alles um die Entstehung demokratischer Ideen – hier
werden auch die für Marx und Engels bedeutenden
Chartisten behandelt. *Citizen* zeigt Politik und
Protest nach 1945. *Time Off?* beschäftigt sich mit dem
Freizeitverhalten der Arbeiter und *Banners* zeigt die
Bannersammlung des Museums. In *Workers* geht es um
die Gewerkschaftsbewegung, in *Voters* um politische
Parteien und Bewegungen.

Die Ursprünge des Museums reichen zurück bis in
die 1960er Jahre. In seiner jetzigen Form gibt es das
Museum seit 2010.

Unser Tipp

*Auf dem weiteren
Weg einen Blick
ins Royal Exchan-
ge Theatre wer-
fen. Im damaligen
The Exchange
feilschte Engels
mit anderen Ge-
schäftsmännern.*

Wie weiter?

*Von Bridge Street
links auf Southgate
zum House of Fraser,
wo Engels' Büro von
Ermen & Engels
stand. Rechts über
St Mary's Street und
St Ann Street zum
St Ann's Square.
Darüber zum Royal
Exchange Theatre.
Über New Cathedral
Street vorbei an den
alten Pubs zur Cathe-
dral Street und
Cathedral Gardens.*

◎ *New Court Street, Manchester M3 3ER* ⊕ *www.phm.org.uk*
◷ *täglich 10–17 Uhr, jeden zweiten Donnerstag im Monat bis
20 Uhr, geschlossen: 24., 25., 26. Dezember, 1. Januar*
◌ *Eintritt frei*

Die älteste öffentliche Bibliothek Großbritanniens.

Chetham's Library

Die 1653 gegründete *Chetham's Library* ist die älteste öffentliche Bibliothek in Großbritannien. Ihr Bestand umfasst mehr als 100 000 Bücher. Friedrich Engels kam häufig hierhin. Aber auch Karl Marx studierte in der Bibliothek – zum ersten Mal im Sommer 1845. Marx und Engels machten damals von **Brüssel** aus eine Reise nach England. Einen Großteil ihrer Zeit verbrachten sie dann im kleinen Erker des Leseraums der *Chetham's Library*.

Karl Marx las hier die Bücher, an die er in Brüssel nicht herankam. Er befasste sich mit englischen Nationalökonomen und Schriften des Frühsozialisten Robert Owen. Ein Großteil seiner Notizen dieser Tage geht auf dessen Bücher zurück. In der *Chetham's Library* gab es auch die Blaubücher der Fabrikinspektoren, die später umfangreich in *Das Kapital* eingehen sollten.

Friedrich Engels schrieb über den gemeinsamen Aufenthalt viele Jahre später in einem Brief an Karl Marx: „Ich habe die letzten Tage wieder viel in dem kleinen Erkerchen vor dem vierseitigen Pult gesessen, wo wir vor 24 Jahren saßen; ich liebe den Platz sehr, wegen des bunten Fensters ist immer schön Wetter dort." Die Bücher, die die beiden den Sommer über lasen, sind noch vorhanden. Das bunte Fenster wurde bei einem Sturm zerstört.

Eine Statue von Robert Owen steht gegenüber der Bücherei Ecke Balloon Street/Corporation Street. Eine Plakette von ihm gibt es am St Ann's Square.

Wie weiter?

Von Todd Street rechts auf Corporation Street. Weiter über Cross Street bis zur Einmündung Bow Lane.

⊚ Long Millgate, Manchester M3 1SB 🗋 +44 161 834 7961
🕐 Geschlossen: Feiertage und zwischen Weihnachten und Neujahr
⊕ Zur Besichtigung Tour buchen: Mo–Fr 11.30 Uhr, 14.30 Uhr,
15.30 Uhr 💬 6,50 Pfund, ermäßigt 5,50 Pfund ⊕ https://library.
chethams.com ⊕ Sa 12.30 Uhr (Tour inklusive mittelalterlichem
Trakt) 💬 12 Pfund ⊕ www.jonathanschofieldtours.com

Die letzte Er-
innerung an
Ernest Jones
und die Be-
wegung der
Chartisten.

BOW
LANE

ERNEST JONES
1819-1869
CHARTIST LEADER AND
BARRISTER AT LAW
PRACTISED FROM
CHAMBERS HERE
c 1863-1869

Chartisten

Die *Chartisten* waren eine politische Bewegung in der ersten Hälfte des 19. Jahrhunderts in Großbritannien. Eines ihrer Zentren war Manchester. Mit einer Charta aus sechs Forderungen wollten sie die Situation der Arbeiter verbessern. Karl Marx beschrieb die Bewegung 1852 wie folgt: „Die sechs Punkte der Charte, für die sie kämpfen, enthalten weiter nichts als die Forderung des allgemeinen Wahlrechts und jener Bedingungen, ohne die das allgemeine Wahlrecht für die Arbeiterklasse illusorisch wäre – z.B. geheime Abstimmung, Diäten für die Parlamentsmitglieder, alljährliche allgemeine Wahlen. Das allgemeine Wahlrecht ist aber für die Arbeiterklasse Englands gleichbedeutend mit politischer Macht; denn das Proletariat bildet dort die große Majorität der Bevölkerung."

Karl Marx und Friedrich Engels standen in engem Kontakt mit den *Chartisten*. Insbesondere mit dem Rechtsanwalt Ernest Jones, der hier geehrt wird. Er gehörte zum linken Flügel der Bewegung und war eine ihrer Führungspersönlichkeiten. Karl Marx schrieb auch einige Artikel für seine Zeitung *People's Paper*. *The Red Republican*, eine andere Zeitung der *Chartisten*, veröffentlichte 1850 vom *Kommunistischen Manifest* die erste englische Übersetzung. In den 1850er Jahren verloren die *Chartisten* an Bedeutung.

1869 verkaufte Friedrich Engels seine Firmenanteile und zog kurze Zeit später in die Nähe von Karl Marx nach **London** (Kapitel 8).

Die Chartisten führten Versammlungen durch, gaben Zeitungen heraus, versuchten ihre Ziele mit Petitionen ans Parlament zu erreichen und nutzten gelegendlich auch Arbeitsniederlegungen.

Wie weiter?
Über Cross Street zurück zum Albert Square. ⚑

⊙ *Ecke Bow Lane / Cross Street, Manchester M2 4JN*

8

London

Willkommen in der größten Stadt der Welt, willkommen im London des 19. Jahrhunderts!

Großbritannien war weltweit das bedeutendste Industrieland – und London seine größte Metropole. Mitte des 19. Jahrhunderts lebten hier bereits zweieinhalb Millionen Menschen, mehr als in jeder anderen Stadt der Welt. Darunter zahlreiche Einwanderer und politische Flüchtlinge, denen Aufenthalt gewährt wurde.

Und London boomte: Die Docks im Hafen, neue Stadtviertel, Parks und Geschäfte entstanden. Die Straßenbeleuchtung wurde ausgebaut. Pferde zogen Hunderte Busse durch die Stadt. Später kamen die weltweit erste Straßenbahn und U-Bahn hinzu. Züge verkehrten zu den anderen Metropolen des Landes. Es gab vielfältige Angebote für Kultur und Sport. Bildung vermittelten die Universität sowie zahlreiche öffentliche und private Schulen. Die frühe Pressefreiheit brachte ein umfangreiches Zeitungswesen hervor. Finanzsektor, Gewerbe und Handel entfalteten sich.

Jedoch hatte der Boom auch seine Schattenseiten. Ein großer Bevölkerungsteil lebte in Armut, darunter viele Iren. Die Kindersterblichkeit war hoch. Die Lebenserwartung war in den armen Stadtteilen der Innenstadt erheblich niedriger als in den besseren Wohngegenden der Außenbezirke. Wer es sich leisten konnte, zog dorthin. Eine Kanalisation erhielt London erst in der zweiten Hälfte des 19. Jahrhunderts. Bis dahin floss das Abwasser in die Themse, welche auch das Trinkwasser lieferte. Die Cholera forderte Tausende Todesopfer.

Heute ist London zwar nicht mehr die größte Stadt der Welt, mit fast neun Millionen Einwohnern aber noch immer die mit Abstand bevölkerungsreichste in Großbritannien. Die besondere Atmosphäre der pulsierenden Metropole und mehrere UNESCO-Weltkulturerbestätten ziehen viele Besucher an. In London gibt es eine weltbekannte Sehenswürdigkeit neben der nächsten.

Die *Tower Bridge* über der Themse ist eines von Londons Wahrzeichen. Ein weiteres der Uhrenturm *Big Ben* mit dem *Palace of Westminster*. Viele Touristen zieht es auch zur Krönungskirche *Westminster Abbey*, zu den Kronjuwelen im *Tower of London* oder zum Wohnsitz der Queen, dem *Buckingham Palace*. Die *National Gallery* am zentralen Platz *Trafalgar Square* gilt als weltweit bedeutendste Gemäldegalerie. *Tate Modern* bietet zeitgenössische Kunst, *Tate Britain* britische Kunst aus dem 16. Jahrhundert bis heute.

Von den Aufenthalten von Karl Marx und Friedrich Engels sind viele Gebäude erhalten. So stehen noch mehrere der Häuser, in denen sie wohnten. Ebenso das Gebäude, in dem sich der *Deutsche Arbeiterbildungsverein* und der *Bund der Kommunisten* trafen. Auch der Versammlungsort vom Generalrat der *Internationalen Arbeiterassoziation* ist erhalten. Besichtigt werden können zudem das Grab von Marx und das *British Museum*, in dem er *Das Kapital* verfasste. Es folgen ein Rundgang und ein Spaziergang ihren Spuren. Der Rundgang verläuft vom zentralen Stadtteil Soho nach Clerkenwell und zurück. Der Spaziergang führt von Camden zum nördlich gelegenen *Highgate Cemetery*.

Weitere Infos: Reise Know-How City|Trip London und City|Trip PLUS London

Marx & Engels in London

KARL MARX SCHRIEB IN LONDON *DAS KAPITAL*. HIER KAM AUCH SEINE DRITTE TOCHTER ZUR WELT. FRIEDRICH ENGELS UND ER STARBEN SCHLIESSLICH IN DER STADT.

1849 gingen Marx und Engels ins Exil nach England. Engels zog nach kurzem Aufenthalt in London für zwei Jahrzehnte nach Manchester. Marx blieb in London. Er zog mit seiner Frau Jenny und den Kindern in ein Wohnhaus in der Dean Street. ❶ Dort wurde

Eleanor Marx

Eleanor Marx

(1855 – 1898)
Tochter von Karl Marx

die dritte Tochter Eleanor geboren. Die Familie wohnte im Stadtviertel Soho. ❷ Der *Deutsche Arbeiterbildungsverein* und der *Bund der Kommunisten* trafen sich im dortigen *The Red Lion*. ❸ Bereits vor ihrem englischen Exil wurden Marx und Engels in der Kneipe beauftragt, *Das Kommunistische Manifest* zu schreiben. Nach dem Umzug hielt Marx dort ökonomische Vorträge. 1854 kam es in London zu einer verrückten Kneipentour von Karl Marx, Wilhelm Liebknecht und Edgar

Bauer (Seite 180). Die Familie Marx zog 1856 von Soho nach Camden. Zunächst wohnten sie an der Grafton Terrace, ❿ danach in der *Modena Villas*. 1864 wurde die *Internationale Arbeiterassoziation* gegründet. Marx kam in den Generalrat, der sich an der

Wilhelm Liebknecht

(1826 – 1900)
Führungspersönlichkeit der Sozialdemokratie

Greek Street traf. Die Organisation zerbrach später an Grabenkämpfen zwischen Karl Marx und Michail Bakunin. Marx schrieb *Das Kapital* in der *British Museum Library*. Es kam 1867 heraus. 1870 zog Engels mit seiner Partnerin Lizzy Burns nach London. Sie wohnten auf der Regent's Park Road, wo Lizzy später mit 51 Jahren starb. 1875 zogen Jenny und Karl Marx erneut innerhalb Camdens um. Das Haus an der Maitland Park Road sollte ihre letzte Bleibe werden. Jenny starb 1881 im Alter von 67 Jahren, Karl Marx 1883. Er war 64 Jahre alt. Engels hielt die Grabreden auf dem *Highgate Cemetery*. Er selbst zog 1894 noch einmal in ein anderes Haus auf der Regent's Park Road. Dort starb er 1895 im Alter von 74 Jahren. Die *Marx Memorial Library* wurde 1933 zu Ehren von Marx eingerichtet.

Michail Bakunin

(1814 – 1876)
Anarchist

Lydia Burns, später Engels

(1827 – 1878)
Frau von Friedrich Engels

UNSER TIPP:

THE KARL MARX WALKING TOUR
Englischsprachige Führung durch das Stadtviertel Soho mit Experten zum Leben und zur Theorie von Marx.

⊙ *Criterion Theatre (Piccadilly Circus)*
🕐 *Sonntags 11 Uhr, 2–2,5 Stunden (Gruppenführung z.B. durch Camden auf Anfrage)*
💬 *10 Pfund, Ermäßigt: 8 Pfund*
🌐 *www.marxwalks.com*
📱 *+44 772252 3624*
✉ *admin@marx walks.com*

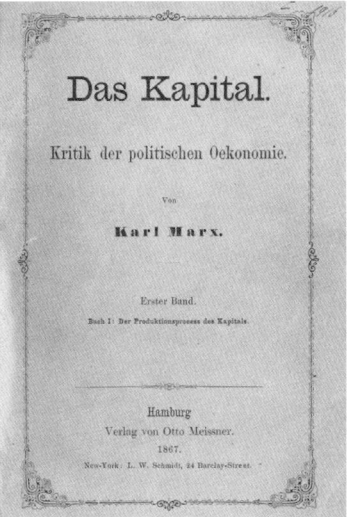

Titelblatt des Kapitals.

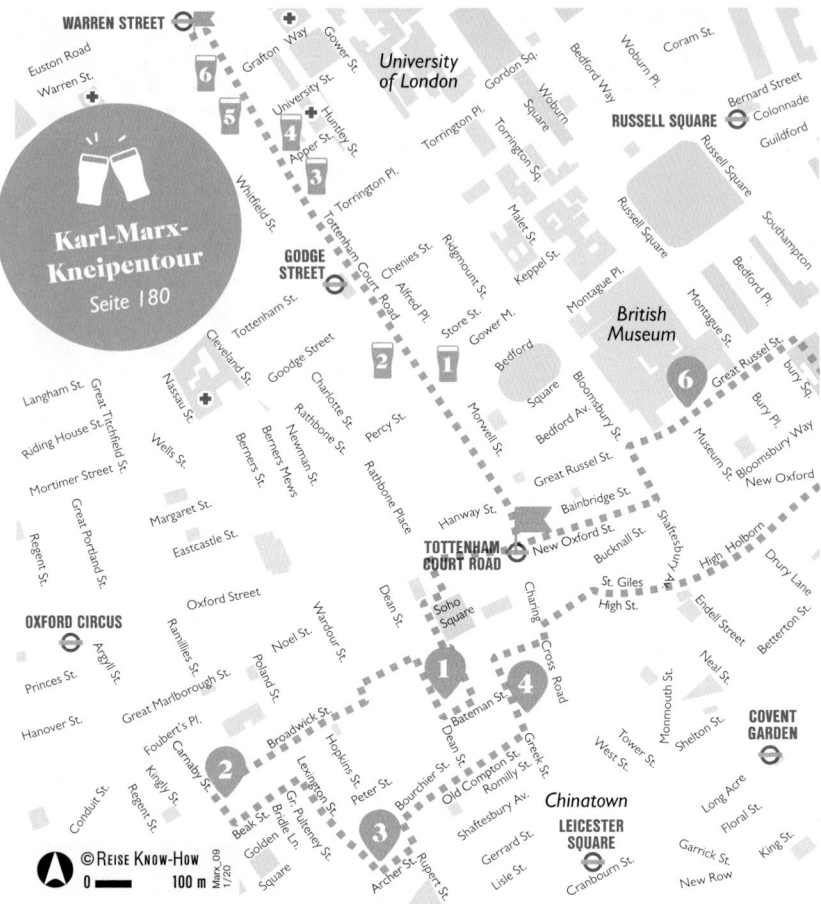

RUNDGANG DURCH LONDON (SOHO)

DER RUNDGANG IST SIEBEN KILOMETER LANG. ER
BEGINNT AN DER U-BAHN-STATION *TOTTENHAM COURT
ROAD.* VON DORT ÜBER OXFORD STREET, LINKS SOHO
STREET, SOHO SQUARE UND FRITH STREET. RECHTS
ÜBER BATEMAN STREET ZUR DEAN STREET NUMMER
26–29, DEM *WOHNHAUS VON KARL MARX.*

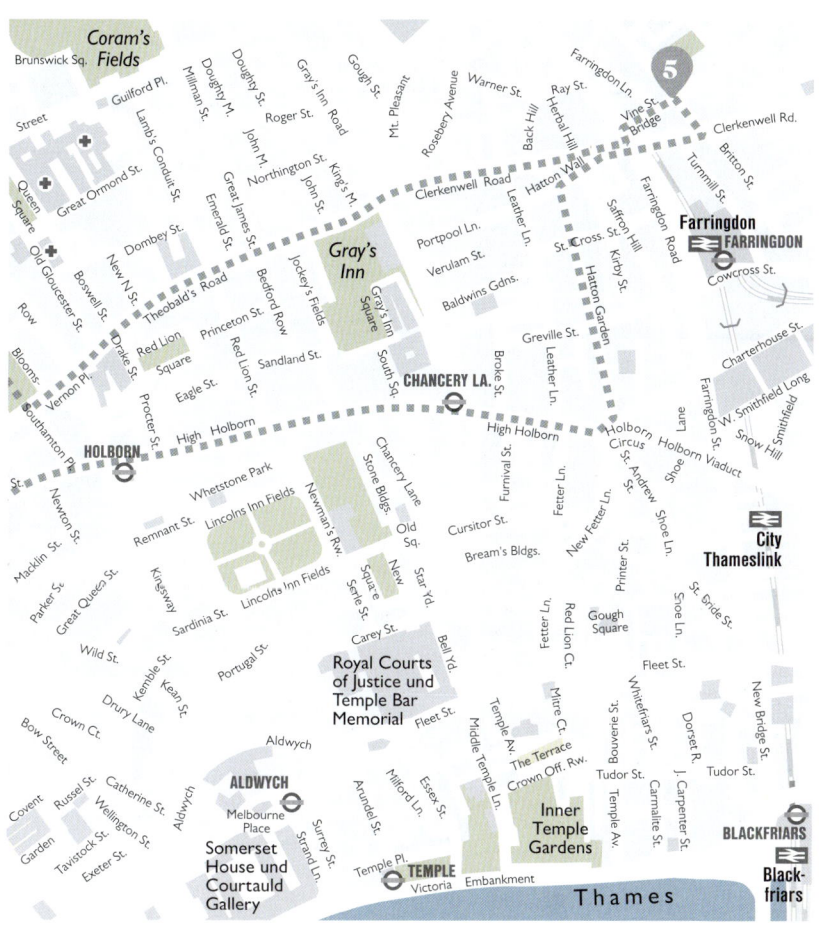

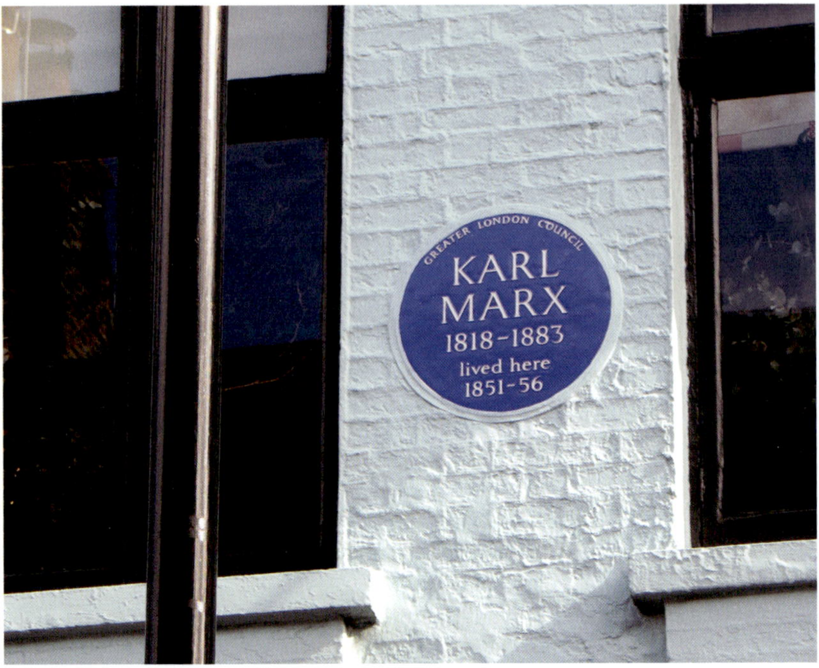
GREATER LONDON COUNCIL
KARL
MARX
1818-1883
lived here
1851-56

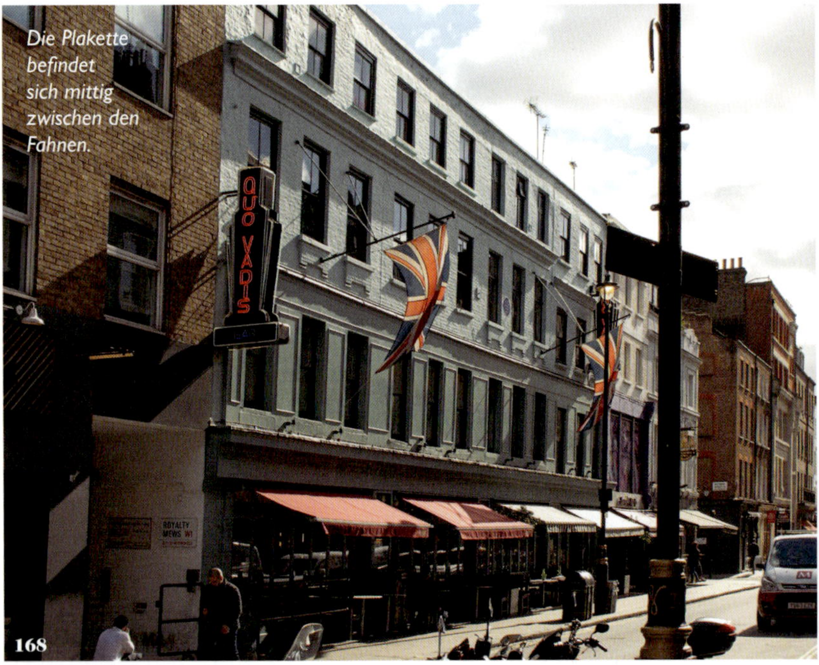
QUO VADIS

Die Plakette befindet sich mittig zwischen den Fahnen.

Wohnhaus von Karl Marx

Im Sommer 1849 ging Karl Marx nach England ins Exil. Kurze Zeit später folgte seine Frau Jenny mit den Kindern. Nach einigen vorübergehenden Unterkünften zog die Familie im Frühjahr 1850 in die Dean Street. Zunächst in die heute nicht mehr existente Nummer 64, anschließend in dieses Gebäude. Hier wohnten sie von 1851 bis 1856 in drei kleinen und schlicht möblierten Zimmern mit Gemeinschaftsbad. Ein Zimmer bewohnten die Kinder, eines die Eltern und in einem konnten die Kinder spielen und Marx arbeiten. Die Familie lebte in Geldnöten.

Einige Zeit nach dem Einzug bekam Karl Marx das Angebot, als Auslandskorrespondent für die *New York Tribune* zu schreiben – damals nach Auflage die größte Zeitung der Welt. In den folgenden Jahren veröffentlichte er dort über fünfhundert Artikel, wobei nicht wenige Friedrich Engels für ihn verfasste. Engels lebte ebenfalls ab 1849 in England. In Soho wohnte er jedoch nur kurzzeitig in der Macclesfield Street. Danach ging er für zwei Jahrzehnte nach **Manchester**.

Am 16. Januar 1855 wurde in dem Haus Eleanor, genannt Tussy, geboren. Sie war das dritte Kind des Ehepaares Marx, das neben den Töchtern Jenny und Laura das Erwachsenenalter erreichen sollte. Vier andere Kinder starben in London früh. Heute befindet sich im Erdgeschoss des Hauses das Restaurant *Quo Vadis*. Am Gebäude erinnert eine Plakette an Marx.

⊚ *26–29 Dean Street, London WID 3LL*

Die Familie Marx wurde aus ihrer ersten Wohnung an der 4 Anderson Street in Chelsea geworfen, da sie die Miete nicht bezahlen konnte. Daraufhin zog sie ins German Hotel an der 1 Leicester Street. An dem Gebäude gibt es heute nur eine Plakette für Johann Strauss, nicht für Karl Marx. Von dort zog die Familie in die Dean Street.

Wie weiter?

Von Dean Street links auf St Anne's Court. Weiter auf Broadwick Street bis zur Kreuzung Carnaby Street.

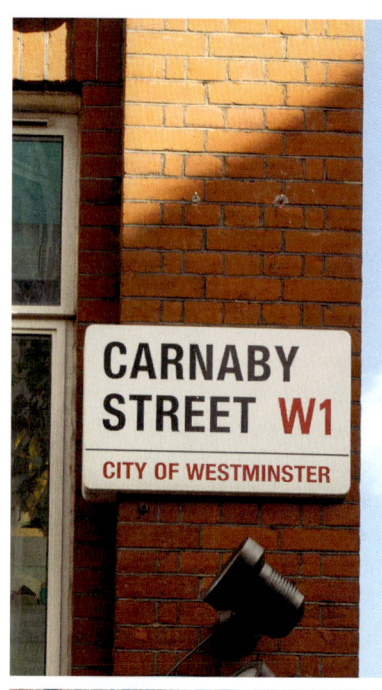

Zu jeder vollen Stunde nimmt Karl Marx einen Schluck Cola.

Spirit of Soho Mural

Im dicht bebauten Stadtteil Soho wohnten zur Zeit von Karl Marx und Friedrich Engels Arbeiter, Arme und Flüchtlinge. Soho war eine der günstigsten und ärmlichsten Gegenden der Stadt. Aber es war auch ein lebendiges Viertel. Auf den Straßen herrschte reger Betrieb, überall wurden Sachen gehandelt. Im 20. Jahrhundert zogen dann Schriftsteller und Künstler hierhin, die Carnaby Street wurde eine bekannte Einkaufsstraße. Auch heute noch ist es ein buntes Viertel – nur preiswert ist es nicht mehr.

1991 wurden an dieser Stelle zwischen Carnaby Street und Broadwick Street mit einem Wandgemälde die Orte und Personen geehrt, die Soho so einzigartig machten. Zu sehen ist, wie sich die Oxford Street und die Shaftesbury Avenue durch den Stadtteil ziehen. Daneben finden sich Orte wie Chinatown mit dem Supermarkt *Lee Fung*, das Theater *London Palladium* und die berühmte Carnaby Street. Am unteren Teil des Wandgemäldes sind bekannte Persönlichkeiten mit Bezug zu Soho abgebildet. Neben dem Dichter Dylan Thomas, dem Jazz-Sänger George Melly, dem Künstler William Blake, der Opernsängerin Teresa Cornelys und dem Frauenhelden Casanova ist auch Karl Marx zu sehen.

Die Uhr auf dem Wandgemälde wurde 2006 restauriert. Wenn sie zur vollen Stunde schlägt, bewegen sich die um ihr herum gruppierten Figuren: Casanova schickt Cornelys Küsse und Marx trinkt einen Schluck aus seiner Dose Cola.

> **Unser Tipp**
>
> *Im nahen Hyde Park hielt Engels Reden. Auch heute noch kann man Sonntags in der Speaker's Corner Rednern zuhören – von Kommunisten bis christlichen Fundamentalisten ist alles vertreten*

> **Wie weiter?**
>
> *Carnaby Street links bis zum Ende. Links auf Beak Street, rechts auf Lexington Street und weiter auf Great Windmill Street.*

Kreuzung Carnaby Street / Broadwick Street, London W1F 9PE

2019 wurde das Gebäude renoviert. Seitdem sind die Schilder und die Verkleidungen schwarz.

172

Bund der Kommunisten im The Red Lion

Hier befand sich *The Red Lion* – im 19. Jahrhundert Versammlungsort des *Deutschen Arbeiterbildungsvereins* und des damit verknüpften *Bundes der Kommunisten*. Der Bund ging aus einer Reorganisierung des *Bundes der Gerechten* hervor, die auf Initiative von Marx und Engels bereits vor ihrer englischen Exil-Zeit auf einem Kongress im Juni 1847 durchgesetzt wurde. Der Schlachtruf „Proletarier aller Länder, vereinigt euch!" ersetzte von da an den Leitsatz „Alle Menschen sind Brüder". Als Zweck wurden „der Sturz der Bourgeoisie, die Herrschaft des Proletariats, die Aufhebung der alten, auf Klassengegensätzen beruhenden bürgerlichen Gesellschaft und die Gründung einer neuen Gesellschaft ohne Klassen" definiert.

Ende 1847 reisten Karl Marx und Friedrich Engels vom europäischen Festland zum nächsten Kongress des Bundes nach London. Im Obergeschoss vom *The Red Lion* wurde nach zehn Tagen Diskussionen beschlossen, dass die beiden eine programmatische Schrift verfassen sollten. Der anschließend in **Brüssel** geschriebene Text erlangte Berühmtheit als *Das Kommunistische Manifest*.

Als Karl Marx 1849 nach London zog, begann er im *The Red Lion* ökonomische Vorträge vor dem *Deutschen Arbeiterbildungsverein* zu halten. Aufgrund politischer Differenzen verließen Engels und er im September 1850 den Verein. Der *Bund der Kommunisten* zerbrach.

An der Kneipe The Red Lion erinnerte später eine Plakette an die Ereignisse. Heute ist die Cocktailbar Be At One hier, die Plakette wurde entfernt. Zum Kommunistischen Manifest siehe auch **Brüssel** *(Kapitel 6).*

Wie weiter?

Von Archer Street links Rupert Street, rechts Tisbury Court und Old Compton Street bis Greek Street.

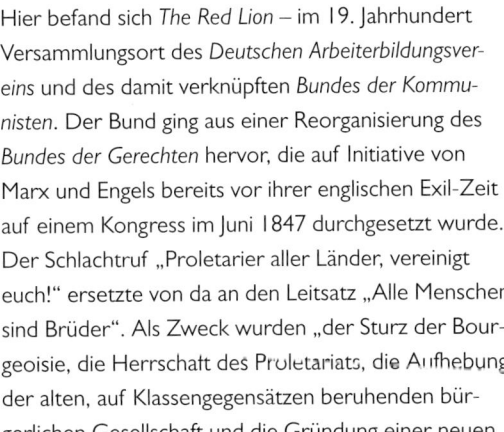

◉ *Kreuzung Great Windmill Street / Archer Street, London WID 7LR*

Die grüne Plakette erinnert nicht an die Erste Internationale,
sondern an den Komiker Peter Cook.

Internationale Arbeiterassoziation

Nach dem Ende des *Bundes der Kommunisten* ❸ hielt sich Marx lange von Organisationen fern. Das änderte sich erst am 28. September 1864. In der damaligen *St. Martin's Hall* im Londoner Stadtzentrum besuchte er ein Treffen von über zweitausend Personen. Dort wurde die *Internationale Arbeiterassoziation* gegründet – die *Erste Internationale* war geboren. Karl Marx wurde Mitglied im Generalrat, der sich dienstagabends in diesem Gebäude an der Greek Street traf. Später wurde dort auch Friedrich Engels Mitglied.

Die *Internationale Arbeiterassoziation* vereinte unterschiedliche Strömungen der Arbeiterbewegung und Mitglieder verschiedener Länder zu einer globalen Arbeiterorganisation. Gewerkschafter trafen auf Autonomisten, Anarchisten auf Kommunisten. Bündnisse wurden eingegangen. Sektionen aus immer mehr Ländern schlossen sich an. Karl Marx verfasste neben den Statuten der Organisation auch die Inauguraladresse: „Politische Macht zu erobern ist daher jetzt die große Pflicht der Arbeiterklassen." Sie endete mit: „Proletarier aller Länder, vereinigt euch!"

Innerhalb der *Internationalen Arbeiterassoziation* nahmen allerdings die Grabenkämpfe zwischen den einzelnen Strömungen zu. Insbesondere bekämpften sich Marx und seine Unterstützer mit denen des russischen Anarchisten Michail Bakunin. 1872 eskalierte der Machtkampf auf dem *Haager Kongress*. Das Aus der *Internationalen Arbeiterassoziation* war eingeläutet.

Friedrich Engels wohnte kurze Zeit nicht weit von hier, das Gebäude ist jedoch nicht erhalten: An der 5 Macclesfield Street ist heute das Restaurant Rasa Sayang.

Wie weiter?

Von Greek Street rechts auf Manette Street. Weiter über Denmark Street, St Giles High Street und High Holborn, vorbei am Pub The White Hart (wo Marx ökonomische Vorträge hielt). Weiter über Holborn. Links auf Hatton Garden, rechts über Hatton Wall auf Clerkenwell Road bis Clerkenwell Green.

⊙ *18 Greek Street, London WID 4DS*

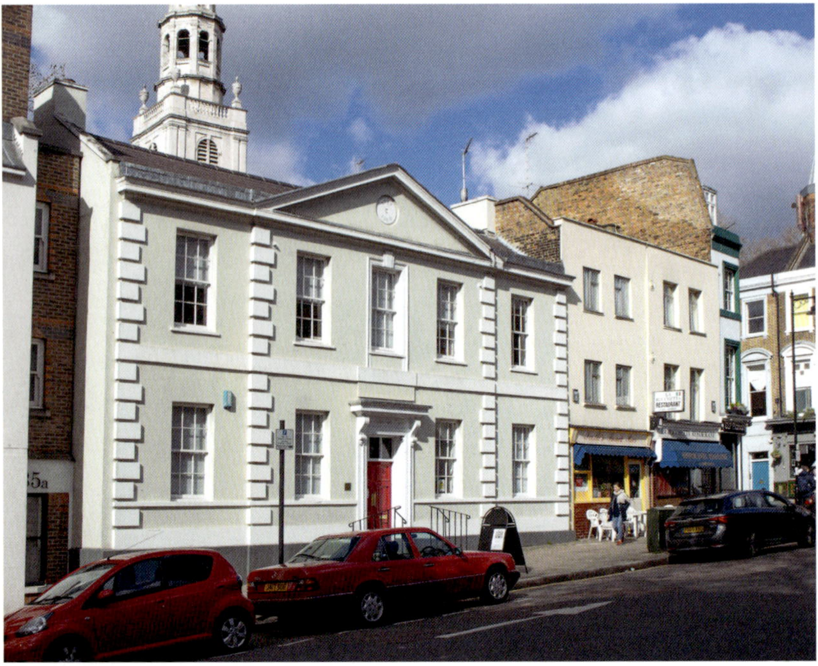

37A CLERKENWELL GREEN

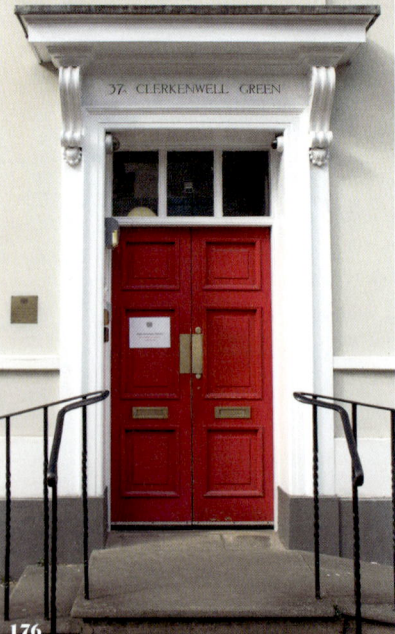

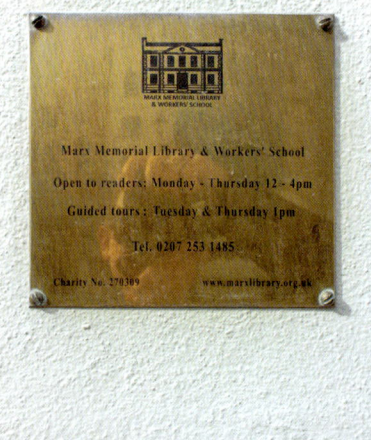

Die Bibliothek liegt im zentralen Londoner Stadtteil Clerkenwell.

MARX MEMORIAL LIBRARY
& WORKERS' SCHOOL
Marx Memorial Library & Workers' School
Open to readers: Monday - Thursday 12 - 4pm
Guided tours: Tuesday & Thursday 1pm
Tel. 0207 253 1485
Charity No. 270309
www.marxlibrary.org.uk

Marx Memorial Library

1933 wurde in diesem Gebäude die *Marx Memorial Library & Workers' School* zum fünfzigsten Todestag von Karl Marx eingerichtet. Seitdem wird hier Wissen über den Marxismus, die Geschichte des Sozialismus und die Arbeiterbewegung vermittelt. Eine umfangreiche Sammlung an Büchern, Broschüren und Postern kann besichtigt werden. Es gibt ein großes Wandgemälde mit dem Titel *The Worker of the Future Clearing away the Chaos of Capitalism*. Einige Bücher und Souvenirs können gekauft werden.

Das Gebäude war schon zuvor ein Zentrum der Arbeiterbewegung. Zunächst gab es hier ab 1738 eine walisische Schule, anschließend wurde das Gebäude unterschiedlich genutzt, zum Beispiel durch die *London Patriotic Society*. In den 1890er Jahren zog dann die Partei *Social Democratic Federation* mit ihrer Druckerei *Twentieth Century Press* ein. Sie druckten in dem Gebäude mehrere der frühesten englischen Ausgaben der Werke von Karl Marx und Friedrich Engels. Auch Marx' Tochter Eleanor, selbst eine bedeutende Aktivistin der Arbeiterbewegung, engagierte sich hier zu dieser Zeit. Damals war sie in einer recht unglücklich verlaufenden Beziehung mit dem englischen Sozialisten Edward Aveling. Am 3. April 1898 nahm sich Eleanor Marx mit Blausäure das Leben. 1956 wurde ihre Urne in der erneuerten Grabstätte von Karl Marx auf dem *Highgate Cemetery* beigesetzt.

Unser Tipp

Auf den Spuren von Eleanor: Nicht weit von hier an der Hanbury Hall (22 Hanbury Street) gibt es eine Plakette zu ihren dortigen politischen Aktivitäten. Das Haus in Sydenham am 7 Jews Walk, in dem sie starb, ist noch erhalten. Auch dort gibt es eine Plakette.

Wie weiter?

Über Vine Street Bridge zurück auf Clerkenwell Road und Theobalds Road. Rechts durch Bloomsbury Square Garden auf Great Russell Street zum British Museum.

⊚ *37A Clerkenwell Green, London EC1R 0DU*
⊕ *www.marx-memorial-library.org.uk* ⊕ *Mo–Do 12–17 Uhr,*
⊡ *Eintritt frei* ⊕ *Di und Do 11 Uhr geführte Touren 5 Pfund*

In den Lesesaal kann man derzeit nur durch eine kleine Ecke eines Fensters der Cafeteria schauen.

British Museum

Das *British Museum* ist ein bedeutendes kulturgeschichtliches Museum. Bis zu ihrem Umzug nach St. Pancras Ende des 20. Jahrhunderts befand sich in dem Gebäude auch eine der weltweit größten Bibliotheken – die *British Museum Library*. Die Bibliothek selbst ist zwar nicht mehr hier, der runde Kuppel-Lesesaal befindet sich jedoch nach wie vor im Zentrum des Gebäudes. Derzeit ist er allerdings nicht zugänglich.

Im Lesesaal auf Platz G7, in der Nähe der Nachschlagewerke, saß über viele Jahre Karl Marx. Fast täglich las er hier Zeitungen, Bücher, Protokolle und Statistiken. Häufig studierte er zwölf Stunden lang die ökonomische Literatur und fertigte seine Notizen an. Hier fand Marx das benötigte Material, um in seinem Hauptwerk *Das Kapital – Kritik der politischen Ökonomie* das „ökonomische Bewegungsgesetz der modernen Gesellschaft zu enthüllen". 1867 brachte er das Manuskript zum Verlag nach **Hamburg** (Seite 210). Gedruckt wurde *Das Kapital* anschließend in **Leipzig** (Seite 212). Friedrich Engels fertigte nach Marx' Tod aus seinen Entwürfen noch zwei weitere Bände an. *Das Kapital* wurde eines der einflussreichsten Bücher überhaupt – und der erste Band UNESCO-Welterbe.

In den letzten Arbeitsjahren an dem Werk verlängerte sich die Anreise. 1856 ermöglichte eine Erbschaft es der Familie Marx von Soho nach Camden zu ziehen – wohin es später auch Friedrich Engels verschlug.

Nach dem Besuch der British Museum Library ging Karl Marx häufig in die Museum Tavern gegenüber des Haupteingangs. Sein Stammplatz war laut Kellner auf der langen Bank vor dem mittleren Fenster. Neben der Theke hängt sein Foto.

Wie weiter?

Great Russell Street links auf Bloomsbury Street. Vorbei am Bookmarks (einem Buchladen mit extra Marx-Abteilung), rechts über New Oxford Street zurück zur Tottenham Court Road.

Great Russell Street, London WC1B 3DG
www.britishmuseum.org Gallerien: täglich 10–17.30 Uhr (die meisten Fr bis 20.30 Uhr); geschlossen: 1. Januar, Karfreitag, 24.,25.,26. Dezember Eintritt frei

Karl Marx - KNEIPENTOUR IN LONDON

PÖBELN, RANDALIEREN, VOR DER POLIZEI WEGLAUFEN – MAN MUSS NICHT ALLES VON MARX' KNEIPENTOUR NACHMACHEN. DURCH DIESELBEN PUBS ZIEHEN, LOHNT JEDOCH ALLEMAL.

Karl Marx erlebte viele durchzechte Nächte. Eine besonders verrückte, im April 1854 in London, hat Wilhelm Liebknecht aufgeschrieben.

Marx, Liebknecht und Edgar Bauer hatten sich für die Nacht etwas vorgenommen: „In jedem Wirtshaus zwischen Oxford Street und Hampstead Road", wollten sie sich „etwas genehmigen". Also: Ein Bier in jeder Kneipe der Tottenham Court Road! Heute ist so ein Vorhaben mit sechs Kneipen gut zu bewältigen (siehe Karte Seite 166). Anders als damals. „Bei der gewaltigen Anzahl von Kneipen in jenem Stadtstrich", stellte Liebknecht fest, war es „eine sehr schwierige Aufgabe."

Wir begeben uns auf ihre Spuren: Los geht es an der U-Bahn-Station Tottenham Court Road. 🚩 *Auf der rechten Straßenseite geht es zum:*

🍺 The Jack Horner

◎ *234–236 Tottenham Court Road*

🌐 *www.jackhorner pub.co.uk*

- -

Nach dem ersten Bier überqueren wir die Straße zur:

🍺 Rising Sun

◎ *46 Tottenham Court Road*

🌐 *www.greene king-pubs.co.uk*

Für den nächsten Drink geht es wieder über die Straße zur:

▣ TCR Bar

◎ 183 Tottenham
Court Road

⊕ www.bartcr.com

Getränk Nummer vier gibt es ein paar Meter weiter in der:

▣ Fitzrovia Belle

◎ 174 Tottenham
Court Road

⊕ www.fitzrovia
belle.co.uk

Es geht auf die linke Seite zum:

▣ The Court

◎ 108A Tottenham
Court Road

⊕ www.thecourt
london.co.uk

Das letzte Pint gibt es etwas weiter im:

▣ The Northumber-land Arms

◎ 119 Tottenham
Court Road

⊕ www.northumber
landarms.co.uk

Am Ende der Tottenham Court Road angekommen, begann Marx mit seinen betrunkenen Freunden eine Gruppe Engländer zu beleidigen. „Die Köpfe erhitzten sich", erinnerte sich Liebknecht, „Fäuste fuchtelten in der Luft." Die Deutschen wählten allerdings den „besseren Teil des Muts" und machten sich, „nicht ganz ohne Schwierigkeiten", auf den Rückzug.

Ein Dauerlauf folgte, bis Bauer über einen Haufen Steine stolperte. „Hurra, eine Idee", schrie er und nahm einen Stein. „Eine Gaslaterne flog klirrend in Scherben", so Liebknecht, „Unsinn steckt an – Marx und ich blieben nicht zurück, und wir zerbrachen vier oder fünf Laternen." Der Lärm erregte die Aufmerksamkeit der Polizei, die Verfolgung wurde aufgenommen.

„Die Sache war kritisch" – zum Glück kannten sie sich aus und überschauten die Situation: „Wir stürmten voran, drei oder vier Policemen in einiger Entfernung hinter uns." Liebknecht war erstaunt: „Marx entwickelte eine Behändigkeit, die ich ihm nie zugetraut hätte." Nach einer „etliche Minuten" dauernden „wilden Jagd" gelang schließlich über eine Seitengasse die Flucht in einen Hof – die Polizei war abgeschüttelt.

Wer ohne Dauerlauf und Verfolgungsjagd nach Hause möchte, kann von der nahen Warren Street die U-Bahn nehmen. ⚑

7 **Sterbeort von Friedrich Engels**

41 Regent's Park Road

8 **Wohnhaus von Friedrich Engels**

122 Regent's Park Road

9 **Sterbeort von Karl Marx**

98 Maitland Park Road

10 **Wohnhaus von Karl Marx**

46 Grafton Terrace

11 **Grab von Karl Marx**

Swain's Lane

SPAZIERGANG DURCH LONDON (CAMDEN)

DER SPAZIERGANG IST FAST SIEBENEINHALB KILOMETER LANG. ER BEGINNT AN DER U-BAHN-STATION *CAMDEN TOWN*. ⚑ VON DORT ÜBER PARKWAY, RECHTS AUF GLOUCESTER AVENUE BIS ZUR REGENT'S PARK ROAD NUMMER 41, DEM *STERBEORT VON FRIEDRICH ENGELS.* **7**

Das letzte Wohnhaus von Friedrich Engels.

Sterbeort von Friedrich Engels

Nachdem Friedrich Engels in **Manchester** seine Anteile an der Firma *Ermen & Engels* verkauft hatte, zog er 1870 in die Nähe von Karl Marx nach London. Der Verkaufserlös reichte für ein gutes Leben. Der Familie Marx zahlte er von nun an eine hohe jährliche Summe aus. Zunächst zog Engels in die Regent's Park Road 122. 1894 mietete er dieses Haus hier. Im Erdgeschoss befanden sich Wohnräume. Die drei Fenster in der ersten Etage gehörten zu seinem Arbeitszimmer. Dort standen auch die meisten seiner Bücher.

Doch Engels lebte nicht lange in dem Haus. Ein aggressiver Kehlkopfkrebs machte ihm zu schaffen. Friedrich Engels starb am 5. August 1895 im Alter von 74 Jahren. Er hinterließ den Keller voll Wein und anderen Spirituosen und ein beachtliches Vermögen. Einen großen Teil davon erhielten Eleanor und Laura, die beiden noch lebenden Töchter von Karl Marx.

Rund achtzig Personen nahmen am ehemaligen Bahnhof *London Necropolis* Abschied von Engels. Ein Zug fuhr mit seinen sterblichen Überresten zum Krematorium von Woking. Das bevorzugte Seebad von Friedrich Engels war **Eastbourne** (Seite 207). Seinem Wunsch nach sollte die Urne mit seiner Asche vor dem dortigen Felsen *Beachy Head* im Meer versenkt werden. Eleanor Marx, Edward Aveling, Eduard Bernstein und Friedrich Leßner ruderten am 27. August 1895 einige Seemeilen vor den Felsen und erfüllten ihm diesen Wunsch.

Das Krematorium von Woking wurde als erstes in Großbritannien bereits 1878 gegründet.

Wie weiter?
Die Regent's Park Road entlang bis zur Hausnummer 122.

◎ *41 Regent's Park Road, London NW1 7SY*

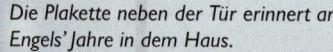
Die Plakette neben der Tür erinnert an Engels' Jahre in dem Haus.

Wohnhaus von Friedrich Engels

Schon 1863 starb in Manchester Friedrich Engels' langjährige Lebensgefährtin Mary Burns. Anschließend wurden ihre jüngere Schwester Lydia Burns, genannt Lizzy, und er ein Paar – zu der Zeit nichts Ungewöhnliches. Engels und Lydia zogen 1870 von **Manchester** hierhin. Das geräumige Wohnhaus mit mehreren Schlafzimmern, einem Arbeitszimmer, in dem Engels mehrere bedeutende Schriften verfasste, schöner Küche und großem Badezimmer, nah am Primrose Hill gelegen, hatte ihm zuvor Jenny Marx besorgt.

Der sprachbegabte Engels bekam täglich Briefe und Zeitungen aus vielen europäischen Ländern. Nachdem er sich damit beschäftigt hatte, lief er zum wenige Minuten entfernt wohnenden Karl Marx. Sie gingen ins Arbeitszimmer oder spazierten zum *Hampstead Heath*, dem großen Park im Norden Londons. Danach kam Engels hierhin zurück und erledigte bis zum Abendessen weitere Post. Sonntags kamen immer Gäste ins Haus. Es wurde zusammen gegessen und getrunken. Regelmäßig waren auch Sozialisten aus verschiedenen Ländern zu Besuch. Das Treiben rief die Polizei auf den Plan – Engels wurde bespitzelt.

Lydia lag nach langer Krankheit im Herbst 1878 im Sterben. Friedrich Engels brachte am 11. September einen Pfarrer in das Haus. Er heiratete die 51-jährige Irin von „echtem Proletarierblut" Lydia Burns einen Tag vor ihrem Tod.

⊚ *122 Regent's Park Road, London NW1 8XL*

Unser Tipp

Lydia ist auf dem St Mary's Catholic Cemetery in Kensal Green beerdigt. Aus der Friedhofskapelle kommend geradeaus bis links eine Treppe kommt, diese hoch zum neuen Gräberfeld. Dort die zehnte Reihe rechts liegt das alte Bodengrab mit Inschrift.

Wie weiter?

Dem täglichen Spaziergang von Engels zu Marx folgen: Regent's Park Road bis zum Ende, links auf Haverstock Hill, rechts auf Maitland Park Road. Vorbei an The Grange (siehe nächste Doppelseite), an Gabelung rechts bis zum Ende.

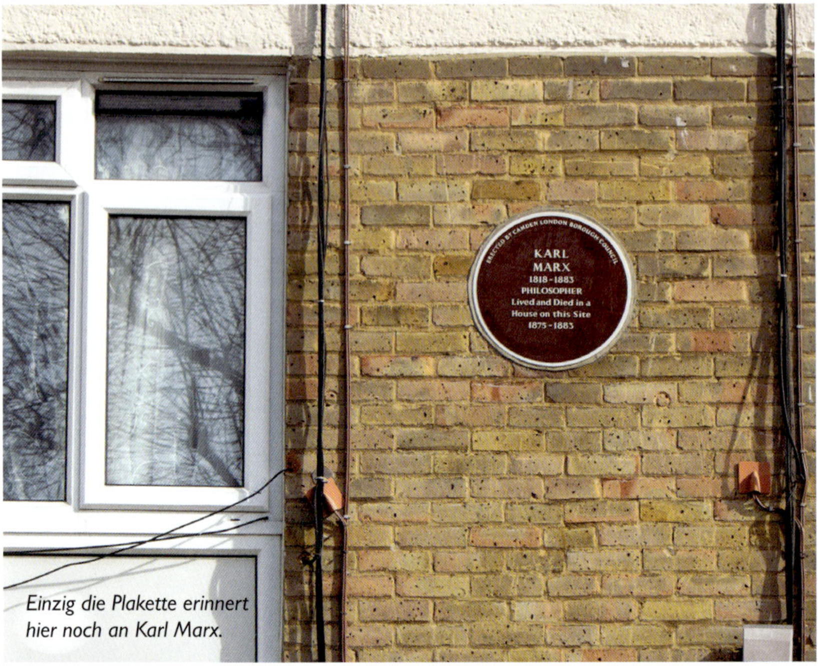
ERECTED BY CAMDEN LONDON BOROUGH COUNCIL
KARL
MARX
1818-1883
PHILOSOPHER
Lived and Died in a
House on this Site
1875-1883

Einzig die Plakette erinnert hier noch an Karl Marx.

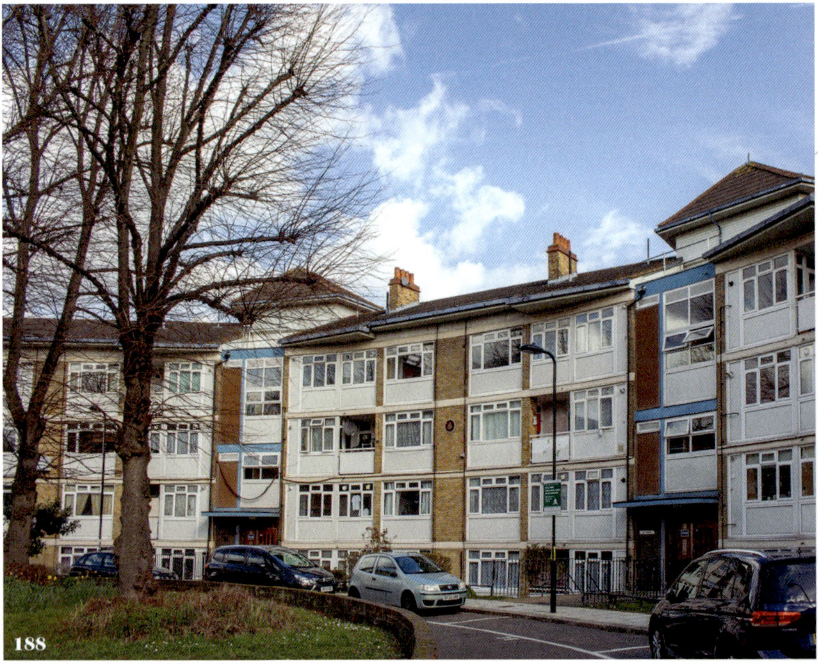

Sterbeort von Karl Marx

Nach zwei anderen Unterkünften in Camden⑩ zogen Karl Marx und Jenny 1875 in ein Haus an dieser Stelle. Es sollte ihre letzte Bleibe werden. Marx machten immer mehr Krankheiten zu schaffen – von Karbunkeln bis Leberbeschwerden. Auch Kuraufenthalte in **Bad Neuenahr** (Seite 198), **Karlsbad** (Seite 211) und **Ventnor** (Seite 224) brachten keine dauerhafte Linderung. Dann erkrankte seine Frau Jenny. Diagnose Krebs. Jenny starb am 2. Dezember 1881 mit 67 Jahren. Karl Marx war selbst zu krank, um zur Beerdigung zum *Highgate Cemetery* zu kommen.⑪ Friedrich Engels redete an ihrem Grab: „Wenn es jemals eine Frau gab, die ihr größtes Glück darin gesehen hat, andere glücklich zu machen, so war es diese Frau."

Marx' Zustand verschlechterte sich weiter. Im Januar 1883 starb auch seine älteste Tochter Jenny mit 38 Jahren an Blasenkrebs in **Argenteuil** (Seite 197). Eleanor fühlte beim Überbringen der Nachricht, dass dies auch das Todesurteil für ihren Vater war. Am Nachmittag des 14. März 1883 kam Friedrich Engels zu seinem täglichen Besuch hierhin. Marx lag im Sterben. Kurz bevor Engels sein Zimmer betrat, entschlummerte er ruhig in seinem Sessel. Karl Marx war 64 Jahre alt.

Für Friedrich Engels ging die Arbeit jedoch weiter. Er fand einen ganzen Berg Notizen von Marx. In seinem Arbeitszimmer auf der Regent's Park Road ⑧ begann er die Manuskripte zu ordnen und den zweiten und dritten Band des *Kapitals* fertigzustellen – sie erschienen 1885 und 1894.

Zuvor wohnte Familie Marx in Camden zunächst an Grafton Terrace (siehe nächste Doppelseite), dann am Anfang der Maitland Park Road. Am ehemaligen Standort des Hauses steht seit etwa 1900 ein großes Haus mit roten Backsteinen und dem Schriftzug The Grange.

Wie weiter?

Ein paar Meter durch den Durchgang am Ende der Straße zur Grafton Terrace.

◎ *98 Maitland Park Road, London NW3 2HD*

Das Haus ist gut an der roten Tür zu erkennen.

Wohnhaus von
Karl Marx

1856 konnte die Familie Marx aufgrund einer Erbschaft von Soho ins bessere Camden ziehen. Hier war die erste Adresse, die sie nach ihrem Umzug bewohnten. Das heute noch erhaltene Haus war erheblich besser als die Unterkünfte in Soho. Es gab einen Garten, ein eigenes Badezimmer und sogar ein Arbeitszimmer für Karl Marx. Allerdings musste er jetzt fast eine Stunde laufen, bis er den Lesesaal der *British Museum Library* erreichte.

Dennoch war auch die Lage im guten Außenbezirk, nur wenige Minuten entfernt vom *Hampstead Heath*, eine deutliche Verbesserung. Marx und Engels spazierten oft zu dem Park, gelegentlich unterbrochen von einem Kneipenbesuch im *Jack Straw's Castle* oder dem *Lord Southampton*. Sonntags gab es im *Hampstead Heath* immer ein großes Picknick. Die Familie Marx spazierte dann mit Picknickkorb und Freunden wie Friedrich Engels oder Wilhelm Liebknecht, der ein regelmäßiger Besucher war, von hier zum Park. Dort tranken und aßen sie, lasen Zeitungen und diskutierten.

1864 ermöglichte eine weitere Erbschaft einen Umzug in die nahe Maitland Park Road. Zunächst wohnten sie in der *Modena Villas*, einem sonnig gelegenen Wohnhaus mit großem Arbeitszimmer. Es stand da, wo sich heute *The Grange* befindet. 1875 ging es dann ein paar Hausnummern weiter in ihre letzte Bleibe.

Unser Tipp

Kurze Pause einlegen und wie Karl Marx im Lord Southampton ein Bier trinken. Den Pub gibt es bereits seit Mitte des 19. Jahrhunderts an der Ecke Grafton Terrace / Southampton Road.

Wie weiter?

Von Grafton Terrace rechts auf Southampton Road. Über die Mansfield Road auf Roderick Road bis zum Hampstead Heath, wo die Familie Marx regelmäßig Picknick machte. Quer durch den Park, links auf Highgate Road, rechts auf Swain's Lane bis Highgate Cemetery.

◎ 46 Grafton Terrace, London NW5 4HY

Das Grabmal ist bereits mehrmals von Vandalen beschädigt worden.

WORKERS OF ALL LANDS UNITE

KARL MARX

JENNY VON WESTPHALEN,
THE BELOVED WIFE OF
KARL MARX,
BORN 12TH FEBRUARY 1814,
DIED 2ND DECEMBER 1881,
AND KARL MARX,
BORN MAY 5TH 1818, DIED MARCH 14TH 1883,
AND HARRY LONGUET,
THEIR GRANDSON
BORN JULY 4TH 1878, DIED MARCH 20TH 1883,
AND HELENA DEMUTH,
BORN JANUARY 1ST 1823, DIED NOVEMBER 4TH 1890,
AND ELEANOR MARX, DAUGHTER OF KARL MARX
BORN JANUARY 16TH 1856, DIED MARCH 31ST 1898.

THE PHILOSOPHERS HAVE ONLY
INTERPRETED THE WORLD IN
VARIOUS WAYS · THE POINT
HOWEVER IS TO CHANGE IT

Grab von Karl Marx

„Wie Darwin das Gesetz der Entwicklung der orga-
nischen Natur, so entdeckte Marx das Entwicklungs-
gesetz der menschlichen Geschichte" – doch, „damit
nicht genug", so Friedrich Engels in der Rede am Grab
seines langjährigen Gefährten, „Marx entdeckte auch
das spezielle Bewegungsgesetz der heutigen kapitalistischen Produktionsweise und der von ihr erzeugten
bürgerlichen Gesellschaft."

Karl Marx wurde am 17. März 1883 neben seiner
Frau Jenny beerdigt. 1956 erneuerte die *Communist
Party of Great Britain* das Grab. Einige Meter entfernt
wurde hier eine neue Grabstätte mit großer Porträtbüste geschaffen. Neben Jenny und Karl Marx bestatte-
te man hier dann unter anderem auch Eleanor.

„Marx war vor allem Revolutionär", fuhr Friedrich
Engels vor wenigen Trauergästen fort. „Mitzuwirken,
in dieser oder jener Weise, am Sturz der kapitalistischen Gesellschaft" und „der Befreiung des modernen
Proletariats", so Engels weiter, „das war sein wirklicher
Lebensberuf. Der Kampf war sein Element." Seine
Rede endete mit einer großen Vorhersage: „Er mochte
noch manchen Gegner haben, aber kaum noch einen
persönlichen Feind. Sein Name wird durch die Jahrhun-
derte fortleben und so auch sein Werk!"

*Das ursprüngliche
Grab von Karl und
Jenny Marx liegt auch
auf dem Ostteil des
Friedhofs, nicht weit
von hier. Es ist, wie
dieses hier, auf dem
Plan eingezeichnet,
den man am Eingang
erhält. Übrigens: Auch
eine Führung über den
Westteil des Friedhofs
lohnt sich.*

Wie weiter?

*Durch den Park hinter
dem Friedhof, rechts
auf Dartmouth Park
Hill, etwas hinunter-
gehen, dann links am
Whittington Hostpital
vorbei bis zum High-
gate Hill. Runter zur
Archway Station.* ⚑

⊙ *Swain's Lane, London N6 6PJ, Ostteil Highgate Cemetery*
⊕ *www.highgatecemetery.org* ⊙ *März–Oktober 10–17 Uhr,
November–Februar 10–16 Uhr (halbe Stunde vorher letzter
Eintritt); geschlossen: 25., 26. Dezember* ⊙ *Erwachsene:
4 Pfund, Kinder: frei* ⊕ *Führung: i.d.R. Samstags 14 Uhr,
Erwachsene: 8 Pfund, Kinder: 4 Pfund*

9

Städte kompakt

Die zwei Revolutionäre in der ehemaligen Karl-Marx-Stadt.

⊙ Park der Opfer des Faschismus 2, 09111 Chemnitz, Deutschland

MARX ENGELS

TRIER, WUPPERTAL, BERLIN UND KÖLN, PARIS, BRÜSSEL, MAN-
CHESTER UND LONDON – HIER LEBTEN KARL MARX UND FRIED-
RICH ENGELS FÜR LÄNGERE ZEIT. ABER SIE REISTEN AUCH VIEL.
SIE BESUCHTEN VERWANDTE UND KAMPFGEFÄHRTEN EBENSO
WIE KURORTE UND STRANDBÄDER. NACHFOLGEND FINDEN SICH
ALPHABETISCH SORTIERT UND IN KOMPAKTER FORM WESTEURO-
PÄISCHE STÄDTE, IN DENEN DAS ANDENKEN AN MARX UND
ENGELS AUFRECHTERHALTEN WIRD. DIE NUMMERIERUNG IST DER
KARTE IM HINTEREN BUCHEINBAND ZUGEORDNET.

① Aken

Auf dem Schützenplatz in **Aken** gibt es
einen Gedenkstein, auf dem Marx'
Konterfei mit Namenszug abgebildet ist.

⊙ Schützenplatz, 06385 Aken, Deutschland

② Amsterdam

Acht Laufmeter umfasst der im *International Institute of Social History* in
Amsterdam aufbewahrte Nachlass von
Karl Marx und Friedrich Engels. Das In-
stitut besitzt damit die weltweit größte
Sammlung. Einige Ausstellungsstücke,
wie eine Originalseite des Manuskripts
vom *Kommunistischen Manifest*, können
auf einer geführten Tour besichtigt
werden.

*⊙ Cruquiusweg 31, 1019 AT Amsterdam,
Niederlande ⊕ www.socialhistory.org
✉ info@iisg.nl*

③ Argenteuil

Karl Marx' Tochter Jenny lebte mit ih-
rem Mann Charles Longuet und ihren
Kindern von 1881 bis zu ihrem Tod
im Januar 1883 in **Argenteuil**. Karl
Marx besuchte sie 1881 und 1882.
Am Boulevard Karl Marx erinnert
eine Gedenktafel mit der Aufschrift:
„Karl Marx – a séjourné dans cette

maison en 1862" an seinen letzten Aufenthalt.

◎ *27 Boulevard Karl Marx, 95100 Argenteuil, Frankreich*

4 Bad Kreuznach

Karl Marx und Jenny von Westphalen heirateten 1843 in **Bad Kreuznach** (damals Kreuznach). Hier lebte Jenny seit 1842 mit ihrer Mutter. Die standesamtliche Trauung fand im heute noch erhaltenen Stadthaus an der Hochstraße statt.

◎ *Hochstraße 48, 55545 Bad Kreuznach, Deutschland*

Die Pauluskirche an der Kurhausstraße war wegen Bauarbeiten geschlossen, daher fand die kirchliche Trauung wohl in der Wilhelmskirche an der Turmstraße statt. Von der Kirche ist nur noch der Turm erhalten. Karl Marx las während seines Aufenthalts mehrere Bücher der Bibliothek des *Gymnasiums an der Stadtmauer* an der Hospitalgasse 6.

◎ *Turmstraße, 55543 Bad Kreuznach, Deutschland*

5 Bad Neuenahr-Ahrweiler

In **Bad Neuenahr-Ahrweiler** (damals Neuenahr) war Karl Marx 1877 mit Frau Jenny und Tochter Eleanor zur

Hauptstraße 116, 53474 Bad Neuenahr-Ahrweiler, Deutschland

mehrwöchigen Kur. Sie wohnten im *Hotel zur Flora* an der Hauptstraße. Dort befindet sich heute das Rathaus – mit Erinnerungsplakette. Während seiner Kur wurde Marx von Dr. Richard Schmitz in der früheren *Villa Schmitz* an der Mittelstraße 31 behandelt. Heute gibt es dort pädagogische Angebote für Kinder und Jugendliche.

6 Blankenfelde-Mahlow

In **Blankenfelde-Mahlow** gibt es einen Karl-Marx-Stein. Eine Sammlung von Fotos von Karl-Marx-Plätzen und Karl-Marx-Straßen gibt es auf der Internetseite *Karl Marx in Deutschland*.

Karl-Marx-Platz, 15831 Blankenfelde-Mahlow, Deutschland
www.karl-marx-in-deutschland.de

1835–1836 studierte Karl Marx an der *Rheinischen Friedrich-Wilhelms-Universität* in **Bonn** Jura, bevor er zum weiteren Studium nach Berlin ging. Wegen nächtlichen ruhestörenden Lärmens und Trunkenheit musste er eine kurze Strafe im Karzer verbüßen, dem Studentengefängnis. Das *Universitätsmuseum Bonn* zeigt Dokumente hierzu und auch sein Abgangszeugnis. Die Häuser, in denen er wohnte, sind nicht erhalten – an einem Haus am ehemaligen Standort in der Stockenstraße gibt es jedoch eine Gedenktafel mit der Inschrift: „Karl Marx – Politiker und Philosoph – wohnte während seines Bonner Studiums in den Jahren 1835/36 in der Josefstraße 29/31 und in der Stockenstraße 12." Am Markt vor dem Bonner Rathaus erinnern ins Pflaster eingelassene Buchrücken an die Bücherverbrennung von 1933. Auch dabei: *Das Kapital* von Karl Marx.

◎ *Stockenstraße 12, 53113 Bonn, Deutschland*

◎ *Markt 2, 53111 Bonn, Deutschland*

UNIVERSITÄTSMUSEUM BONN

◎ *Regina-Pacis-Weg 1, 53113 Bonn, Deutschland*
⊕ *www.uni-bonn.de/einrichtungen/museen*
☐ *0228 73 5367 / 7397* ✉ *abert@verwaltung.uni-bonn.de* ① *Mi–So 12–16.30 Uhr, Feiertage geschlossen*
⇄ *2,50 Euro, Ermäßigt 1,50 Euro, Studenten frei*
Führung: So 15–16 Uhr (ab 3 Personen, im Eintrittspreis), individuelle Führung: 50 Euro

9 Bremen

Friedrich Engels machte 1838–1841 in **Bremen** an der Martinistraße eine kaufmännische Ausbildung. Dort gibt es heute Schautafeln zu seiner Zeit in der Stadt. Darauf heißt es unter anderem: „Das imposante Wohn- und Packhaus, in dem Engels täglich ein- und ausging, befand sich ungefähr dort, wo heute dieses Gebäude mit der erhalten gebliebenen Rokokofassade steht."

◎ Martinistraße 27, 28195 Bremen, Deutschland

Und weiter: „Unter dem Pseudonym Friedrich Oswald verfasste er zahlreiche Essays und Artikel für führende deutsche Zeitungen. Seine Texte zeugen von einer für sein Alter erstaunlichen Weitsicht." Engels wohnte gegenüber im Pastorenhaus der St. Martinikirche. Das ein oder andere Getränk hatte er im Ratskeller am Schoppensteel 1.

TIPP für Bonn
Dokumente zu Marx' Karzer-Strafe im Universitätsmuseum ansehen!

8 Brandenburg an der Havel

In **Brandenburg an der Havel** gibt es einen Gedenkstein mit Konterfei und Lebensdaten von Karl Marx. Das Denkmal wurde 1969 errichtet.

◎ Karl-Marx-Straße 14, 14770 Brandenburg an der Havel, Deutschland

🔟 Brighton

Marx' Tochter Eleanor lebte in **Brighton**. An ihrem damaligen Wohnhaus gibt es eine graue Plakette mit der Inschrift: „Eleanor Marx 1855–1898 – Dedicated to the labour movement lived here 1873." In der Stadt wurde auch ein Omnibus nach ihr benannt.

📍 *6 Vernon Terrace, Brighton BNI 3JG, England*

12 Coswig (Anhalt)

In **Coswig (Anhalt)** gibt es seit Ende der fünfziger Jahre einen Gedenkstein mit Marx' Konterfei auf einer Bronzeplatte. Darunter steht: „Der Marxismus ist das grösste Kulturgut der Deutschen Nation." Der Gedenkstein liegt hinter einer Hecke.

📍 *Ecke Luisenstraße / Eisenbahnstraße, 06869 Coswig (Anhalt), Deutschland*

11 Chemnitz

Chemnitz hieß von 1953 bis 1990 *Karl-Marx-Stadt*. An der Brückenstraße steht das *Karl-Marx-Monument*. Der auch *Nischel* genannte Granit-Kopf ist mit 7,10 Metern (über 13 Meter mit Sockel) und etwa 40 Tonnen Gewicht die zweitgrößte Porträtbüste der Welt – nach dem Lenin-Kopf im russischen Ulan-Ude. Auch ein weiteres Denkmal ist von Bedeutung: Das 1957 fertiggestellte *Marx-Engels-Denkmal* gegenüber des Georgius-Agricola-Gymnasiums (Seite 196) gilt als das erste Denkmal, das die beiden Revolutionäre gemeinsam darstellt. Aus Chemnitz kommt auch das Bier *Marx-Städter*: www.marx-bier.de

◎ *Brückenstraße 10, 09111
Chemnitz, Deutschland*

🔴13 Dessau-Roßlau

Auf der Grünfläche des Friedensplatzes in **Dessau-Roßlau** steht eine Büste von Karl Marx. Sie befindet sich auf einem Sockel, auf dem auch sein Namenszug steht. Die Büste steht gegenüber vom Eingang des *Anhaltisches Theaters*. Sie wurde im Jahr 1984 aufgestellt.

📍 *Friedensplatz, 06844 Dessau-Roßlau, Deutschland*

🔴14 Döbeln

In **Döbeln** steht ein Gedenkstein mit einer Marx-Relieftafel auf dem Körnerplatz, ehemals Karl-Marx-Platz. Auf dem Gedenkstein ist auch eine Tafel mit seinem Namenszug angebracht. Er wurde bereits 1954 eingeweiht.

📍 *Körnerplatz, 04720 Döbeln, Deutschland*

🔴15 Eisenhüttenstadt

In **Eisenhüttenstadt** befindet sich an einem Haus an der Friedrich-Engels-Straße eine Gedenktafel mit der Inschrift: „Friedrich Engels 1820−1895 dem Mitbegründer des wissenschaftlichen Sozialismus zu seinem 150. Geburtstag."

📍 *Friedrich-Engels-Straße 10, 15890 Eisenhüttenstadt, Deutschland*

16 Elsterwerda

In **Elsterwerda** gibt es im Stadtpark eine Büste von Karl Marx. Sie steht links hinter dem Eingang nahe der Berliner Straße. Auf einer Plakette steht: „Großer deutscher Philosoph und Begründer des wissenschaftlichen Kommunismus." 1983–1994 stand die Büste am Karl-Marx-Platz, dem heutigen Denkmalsplatz. Nachdem sie drei Jahre eingelagert war, kam sie an den heutigen Standort. Im Ortsteil Kraupa an der Dorfstraße steht ein Gedenkstein mit Marx-Konterfei und der Inschrift: „Errichtet von den Einwohnern zu Ehren des Karl-Marx-Jahres 1953."

⊚ Berliner Straße 8, 04910 Elsterwerda, Deutschland ⏲ Stadtpark: 8–20 Uhr

⊚ Dorfstraße 11, 04910 Elsterwerda, Deutschland

17 Engelskirchen

Friedrich Engels' Vater gründete in **Engelskirchen** die Baumwollspinnerei *Ermen & Engels*, eine auf Maschinen zugeschnittene Fabrik nach englischem Vorbild. Billige Arbeitskräfte und der Fluss Agger für eine Nutzung der Wasserkraft machten die Stadt zum perfekten Standort. Heute befindet sich auf dem unter Denkmalschutz stehenden Gelände das LVR-Industriemuseum *Ermen & Engels*. Dort kann, neben einer kleinen Ausstellung, das historische Wasserkraftwerk besichtigt werden, das die Fabrik und teilweise auch den Ort mit Energie versorgte. Neben der Fabrik ließ Engels Senior die *Villa Braunswerth* errichten. Friedrich Engels verfasste dort einen Teil seines Buches *Die Lage der arbeitenden Klasse in England*.

⊙ *Braunswerth, 51766 Engelskirchen, Deutschland*

LVR-INDUSTRIEMUSEUM ERMEN & ENGELS

Die Turbinen, Schwungräder und Generatoren des Elektrizitätswerks im Keller der ehemaligen Baumwollspinnerei *Ermen & Engels* können besichtigt werden.

⊙ *Engels-Platz 2, 51766 Engelskirchen, Deutschland*
⊕ *www.industriemuseum.lvr.de/de/ die_museen/engelskirchen/kraftwerk_ ermen_engels.html*
▯ *02234 9921555*
✉ *info@kulturinfo-rheinland.de*
🕐 *In der Saison (April bis Oktober) Di–Fr 10–17 Uhr; Sa, So, Feiertage: 11–18 Uhr, Winter, Karfreitag, Ostermontag, Pfingstmontag geschlossen*
💬 *3 Euro, ermäßigt 2,50 Euro (Sonderausstellung extra); 1. Fr im Monat Eintritt frei*
⊕ *Führung: In der Saison jeden 4. So im Monat 15 Uhr (im Eintrittspreis)*

◎ Beachy Head, BN20 7YA Eastbourne, England

 **18** **Eastbourne**

Eastbourne war Friedrich Engels' bevorzugtes Strandbad. Er besuchte die Stadt regelmäßig, oft gemeinsam mit Mitgliedern der Marx-Familie. In der Regel mietete er ein Haus nahe dem Pier am Cavendish Place, wo er auch einige Briefe und Schriften verfasste. Hier verbrachte er die letzten Wochen seines Lebens, bevor er zum Sterben nach London zurückkehrte. 1976 wurde in einer großen Zeremonie eine Plakette am Haus enthüllt – heute ist sie nicht mehr vorhanden. Engels wanderte häufig entlang der Küste zum Felsen *Beachy Head*. Sein letzter Wille war, dass seine Urne vor *Beachy Head* im Meer versenkt wird. Eleanor Marx ruderte mit drei Genossen in einem kleinen Boot am 27. August 1895 auf die stürmische See und erfüllte ihm diesen Wunsch.

◎ 4 Cavendish Place, BN21 3EJ Eastbourne, England

19 Falkensee

Im Garten der Museum Galerie **Falkensee** steht eine Büste von Karl Marx. Ursprünglich stand die Büste auf einem etwa fünf Meter hohen Sockel in der Hansastraße, Anfang der neunziger Jahre wurde sie abgebaut und ans Museum gegeben. Das Museum selbst zeigt Materialien zur Natur- und Tierwelt des Havellandes sowie zur Archäologie und Stadtgeschichte. Ebenfalls gezeigt werden die Lebensgeschichte und das Werk der Lyrikerin Gertrud Kolmar.

⊚ Falkenhagener Straße 77, 14612
Falkensee, Deutschland
⊕ www.museum-galerie-falkensee.de
① Di, Mi 10–16 Uhr; Do, Sa, So 14–18 Uhr;
Feiertage geschlossen

20 Frankfurt (Oder)

In **Frankfurt (Oder)** gibt es am Rand des Lenneparks eine Gedenkstätte für Karl Marx. Die Anlage umfasst eine auf einem Sockel stehende Büste und eine rund neun Meter hohe Säule mit der Inschrift: „Die Theorie wurde zur materiellen Gewalt". Die Anlage wurde 1968 zum 150. Geburtstag von Karl Marx feierlich eingeweiht. Sie wurde als *Karl-Marx-Denkmal* in die Denkmalliste des Bundeslandes Brandenburg aufgenommen.

⊚ Kreuzung Karl-Marx-Straße / Topfmarkt,
15230 Frankfurt (Oder), Deutschland

21 Fürstenwalde (Spree)

In **Fürstenwalde (Spree)** befindet sich am Rand des Stadtparks ein Denkmal für Karl Marx. Es besteht aus mehreren großen Steinen, auf dem größten ist eine Plakette mit seinem Relief. Ursprünglich ehrte das Denkmal Bismarck, in den 1950er Jahren wurde es umgewidmet. Seitdem ehrt das Denkmal Karl Marx. Die Plakette wurde in den 1990er Jahren gestohlen. Später wurde das Denkmal wieder repariert.

22 Grevesmühlen

In **Grevesmühlen** gibt es einen Gedenkstein mit der Inschrift „Karl Marx 1818–1883".

⊙ Ecke Karl-Marx-Straße / Parkstraße, 23936 Grevesmühlen, Deutschland

Ein ehemaliges Bismarck-Denkmal ehrt heute Marx.

⊙ Karl-Marx-Straße 2, 15517 Fürstenwalde (Spree), Deutschland

 23 Hamburg

Karl Marx besuchte mehrmals **Hamburg**. 1867 brachte er persönlich einen Teil des Manuskripts von *Das Kapital* in die Stadt, um es dem Verleger Otto Meissner zu übergeben. Am Standort des ehemaligen Verlagshauses an der Bergstraße gibt es eine Schautafel dazu. Darauf steht unter anderem: „Im Vorgängergebäude dieses Hauses veröffentlichte Karl Marx beim Verlag Otto Meissner am 14.9.1867 den ersten Band seines Werkes *Das Kapital*, das die Welt verändern sollte."

⊙ *Bergstraße 26, 20095 Hamburg, Deutschland*

Und weiter: „Der zweite Band erschien 1885, der dritte 1894, jeweils herausgegeben von Friedrich Engels. *Das Kapital* wurde in zahlreiche Sprachen übersetzt, und der erste Band gehört seit 2013 zum Weltkulturerbe der UNESCO." Gedruckt wurde *Das Kapital* übrigens in Leipzig (Seite 212). Die *Rosa Luxemburg Stiftung* bietet gelegentlich Rundgänge zu Karl Marx in Hamburg an.

⊕ *www.hamburg.rosalux.de*

24 Harrogate

Karl Marx übernachtete 1873 in **Harrogate** in einem Gebäude auf dem Gelände des *Old Swan Hotels*. Am Hotel erinnert eine Gedenktafel an seinen Aufenthalt. Dort heißt es unter anderem: „Famous guests included Karl Marx in 1873 and missing novelist Agatha Christie, who was found here in 1926 after the biggest *man* hunt in British history. Requisitioned in the Second World War for use by the Air Ministry, the hotel re-opened in 1952 as the *Old Swan*."

⊙ *Swan Road, Harrogate HG1 2SR, England*

25 Jena

Nachdem Marx sein Abgangszeugnis der Berliner Universität erhalten hatte, schickte er seine Doktorarbeit mit dem Thema *Differenz der demokratischen und epikureischen Naturphilosophie* nach Jena. An der dortigen Universität war es möglich, ein Doktordiplom alleine durch eine schriftliche Arbeit zu erhalten. Im Foyer des Universitätshauptgebäudes am Fürstengraben erinnert eine Tafel daran. An der Universität stand auch eine Marx-Büste, aktuell ist sie eingelagert. Am ehemaligen Karl-Marx-Platz, dem heutigen Platz Jenaplan an der Friedrich-Engels-Straße, gibt es eine Boden-Gedenkplatte für Marx und Engels. Dort gibt es auch eine Stele zur Geschichte des Platzes und der Erinnerung an die beiden im Stadtgebiet.

KARL MARX
1818-1883

ERWARB AN DER UNIVERSITÄT JENA
DIE PHILOSOPHISCHE DOKTORWÜRDE
15. APRIL 1841

⊙ *Fürstengraben 1, 07743 Jena, Deutschland*

⊙ *Ecke Friedrich-Engels-Straße / Stadtrodaer Straße, 07749 Jena, Deutschland*

26 Karlsbad

Karlsbad (tschechisch Karlovy Vary) im Westen Tschechiens war bereits im neunzehnten Jahrhundert ein bedeutender Kurort. Karl Marx hatte in seinem Leben immer wieder gesundheitliche Probleme. Um seine angeschlagene Gesundheit zu verbessern, kurte er in Karlsbad in den Jahren 1874, 1875 und 1876. Gelegentlich begleitete ihn hierher auch seine jüngste Tochter Eleanor. Seit dem 5. Mai 1988 erinnert in der Stadt ein Denkmal an die Aufenthalte. Es besteht aus einer überlebensgroßen Bronzestatue des sitzenden Karl Marx und einem Sockel aus Marmorplatten.

⊙ *Kreuzung Petra Velikého / Sadová, 360 01 Karlsbad, Tschechien*

27 Kassel

In **Kassel** steht seit 1989 das Denk-
mal *Der Stuhl des Chefredakteur
Karl Marx*. Es zeigt einen auf einer
hohen Säule stehenden Stuhl. Das
Denkmal wurde durch ein Foto von
Karl Marx inspiriert, auf dem er
hinter einem Stuhl stehend mit den
Händen die Lehne umgreift.

◎ *Karl-Marx-Platz, 34119 Kassel,
Deutschland*

28 Leipzig

1874 besuchte Marx mit Tochter
Eleanor **Leipzig**. Als Gast von Wil-
helm Liebknecht kamen sie im *Hotel
Hochstein* unter, dem heutigen *Hotel*

am Bayrischen Platz an der Paul-List-
Straße. Am Hotel erinnert eine Tafel
daran (auch an Liebknechts Wohnhaus, Braustraße 15), im originalge-
treu eingerichteten *Karl-Marx-Zimmer*
kann übernachtet werden.

◎ *Paul-List-Straße 5, 04103
Leipzig, Deutschland*
⊕ *www.hotel-am-bayrischen-platz.de*

Darüber hinaus gibt es in der Stadt
das 1974 fertiggestellte 14,4 x 6 x 3
Meter messende *Marx-Relief* aus
Bronze. 2006 wurde es vom Univer-
sitätsgebäude abmontiert, zwei Jahre
später am heutigen Standort auf
dem Campus Jahnallee aufgestellt.
In Leipzig wurde auch *Das Kapital* gedruckt. Hieran wird an zwei Stellen
erinnert. Am Roßplatz hängt eine
Plakette mit der Inschrift: „Die deutsche Erstausgabe des Hauptwerkes
von Karl Marx *Das Kapital* Band I,
wurde 1867 in der Buchdruckerei

Otto Wigand gedruckt, die sich im Gebäude Roßplatz 3b befand." Die Plakette hängt heute an der Hausnummer 13.

◎ *Roßplatz 13, 04103 Leipzig, Deutschland*

An der Nürnberger Straße gibt es ein Kunstobjekt aus gestapelten Büchern mit der Inschrift: „1885 druckte Reusche an diesem Ort *Das Kapital* Band II von Karl Marx."

◎ *Nürnberger Straße 42, 04103 Leipzig, Deutschland*

29 Löwenberger Land

Im **Löwenberger Land** gibt es einen Gedenkstein mit Konterfei und Namenszug von Karl Marx.

◎ *Karl-Marx-Platz, 16775 Löwenberger Land, Deutschland*

30 Ludwigsfelde

Auf dem Karl-Marx-Platz in **Ludwigsfelde** steht eine gemauerte Wand mit einer Gedenktafel. Sie trägt die Inschrift: „Karl Marx 1818–1883 – Wir verwirklichen seine Ideen."

31 Maastricht

Karl Marx hatte acht Geschwister. Seine zwei Jahre ältere Schwester Sophia wohnte in verschiedenen Häusern in **Maastricht**. An einem dieser Häuser, in der Bouillonstraat, erinnert eine Plakette an den Besuch von Karl Marx im Jahr 1865. Dieser Besuch hat jedoch vermutlich in Sophias neuer Wohnung am Markt 1 stattgefunden. Ein weiterer Besuch soll in einer Wohnung Ecke Tongersestraat / Abtstraat stattgefunden haben. Sophia starb 1886 in Düren.

Hat Karl Marx dieses Haus wirklich betreten?

⊙ *Bouillonstraat 8–10, 6211 LH Maastricht, Niederlande*

32 Mertesdorf

33 Neubrandenburg

In **Mertesdorf** am Herrenberg besaßen Marx' Eltern mehrere Jahrzehnte einen Weinberg. Auch Karl Marx war zwischenzeitig Eigentümer. Er mochte den Wein und aufgrund der Weinbaukrise der Moselwinzer beschäftigte er sich zum ersten Mal mit ökonomischen Fragen. Wein vom Herrenberg gibt es auch heute noch zu kaufen.

⊙ *Maximin Grünhaus 1, 54318 Mertesdorf, Deutschland* ⊕ *www.maximingruenhaus.de*

In **Neubrandenburg** steht eine 2,20 Meter hohe und rund 400 Kilogramm schwere Bronzefigur von Karl Marx. Die Statue wurde 1969 in der Innenstadt aufgestellt und 2001 aus Sicherheitsgründen eingelagert. Nach langer Debatte und zwischenzeitigen Überlegungen, die Statue liegend zu präsentieren, wurde sie 2018 nahe dem Friedrich-Engels-Ring am Schwanenteich wieder aufgestellt.

⊙ *Schwanenteich, 17033 Neubrandenburg, Deutschland*

34 Neuhardenberg

Karl Marx war lange Zeit Namensgeber des heutigen **Neuhardenberg**.
Von 1949–1990 hieß die Stadt
Marxwalde. Auf der Grünfläche
gegenüber der Sparkasse steht auf
einem Sockel eine Marx-Büste.

*⊚ Kreuzung Karl-Marx-Straße / Wichmann-
straße, 16816 Neuruppin, Deutschland*

*⊚ Karl-Marx-Allee 5, 15320 Neuhardenberg,
Deutschland*

35 Neuruppin

In **Neuruppin** steht auf einem Sockel
eine rund 800 Kilogramm schwere
Büste von Karl Marx. Sie befand
sich mehrere Jahrzehnte auf dem
Schulplatz, bis sie 1996 vom Sockel
gestürzt wurde. Nach jahrelanger Ein-
lagerung kam sie in den Rosengarten.

36 Nimwegen

In **Nimwegen** wurde am 20. September 1788 Karl Marx' Mutter Henriette Presburg geboren. An der Stelle
ihres damaligen Wohnhauses gibt es
heute eine Plakette mit der Inschrift:
„Hier stond het ouderlijk Huis von
Henriette Presburg Moeder van Karl
Marx – Karl Marx 1818–1883."

*⊚ Grotestraat 33, 6511 VB Nijmegen,
Niederlande*

37 Osterburg

An der *Sekundarschule Karl Marx* in Osterburg stand ein Denkmal zu seinen Ehren. Nach einer Sanierung soll es wieder aufgestellt werden.

⊙ *Ballerstedter Straße 50, 39606 Osterburg, Deutschland*

38 Petershagen / Eggersdorf

In der Gemeinde **Petershagen / Eggersdorf** befindet sich auf einer kleinen Grünfläche vor dem *Landgasthof Zum Mühlenteich* ein Karl-Marx-Bronzerelief auf einer gemauerten Säule.

⊙ *Karl-Marx-Straße 32, 15345 Petershagen / Eggersdorf, Deutschland*

39 Potsdam

In **Potsdam** steht neben dem *Markt-Center* die fünf Meter große *Transparente Weltkugel*. Die runde Metall-skulptur von 1977 besteht aus zwei sich kreuzenden Zitaten. Eines stammt von Marx: „Die Philosophen haben die Welt nur verschieden interpretiert; es kommt aber darauf an, sie zu verändern." Das andere von Goethe: „Alles Vergängliche ist nur ein Gleichnis." Nach längerer Renovierung wurde die Skulptur im Sommer 2019 an ihrem jetzigen Standort aufgestellt.

⊙ *Breite Straße 27, 14471 Potsdam, Deutschland*

40 Premnitz

In **Premnitz** gibt es seit den 1950er Jahren ein Denkmal für Engels. Es umfasst eine auf einem Sockel stehende Büste, dahinter steht die Inschrift: „Die Befreiung der Arbeiterklasse muss das Werk der Arbeiterklasse selbst sein." Zunächst stand das Denkmal auf dem Werksgelände eines Chemiefaserwerks, mittlerweile an der Friedrich-Engels-Straße.

📍 *Friedrich-Engels-Straße 6, 14727 Premnitz, Deutschland*

41 Ramsgate

Ramsgate war das bevorzugte Seebad von Karl Marx. Auch lebte Tochter Jenny für eine Zeit in der Stadt. An zwei Gebäuden wird daran erinnert. Am Haus an der Plains of Waterloo hängt eine Plakette mit der Inschrift: „Karl Marx 1818–1883 – Communist revolutionary – Stayed here in 1879." Die zweite Plakette an der Artillery Road (siehe nächste Seite) trägt die Inschrift: „Jenny Marx 1844–1883 – Socialist activist – eldest daughter of Karl Marx – lived here."

📍 *62 Plains of Waterloo, Ramsgate CT11 8LE, England*

📍 *6 Artillery Road, Ramsgate CT11 8PU, England*

42 Rathenow

In **Rathenow** steht eine Karl-Marx-Büste auf einem Sockel. 1969 wurde sie von einem lokalen Bildhauer geschaffen.

📍 *Karl-Marx-Platz, 14712 Rathenow, Deutschland*

43 Reichenbach im Vogtland

Im Ortsteil Mylau der Stadt **Reichenbach im Vogtland** gibt es einen Gedenkstein für Karl Marx. Kurz nach seinem 200. Geburtstag 2018 wurde jedoch die angebrachte Tafel mit der Inschrift: „Karl Marx – der größte Sohn des deutschen Volkes" entwendet. Bisher ist sie nicht wieder aufgetaucht.

📍 *Karl-Marx-Ring, 08499 Mylau, Deutschland*

44 Rudolstadt

In **Rudolstadt** gibt es eine auf einem Sockel stehende Büste von Karl Marx. Sie wurde anlässlich Marx' 141. Geburtstag am 5. Mai 1959 am Karl-Marx-Platz aufgestellt, dem heutigen Bayreuther Platz. Rund drei Jahrzehnte später wurde sie abgebaut und eingelagert. Zum 200. Geburtstag 2018 erfolgte die Wiederaufstellung im Hof der Stadtbibliothek. Der Hof ist während der Öffnungszeiten zugänglich.

📍 *Schulplatz 13, 07407 Rudolstadt, Deutschland* 🌐 *www.stadtbibliothek-rudolstadt.de* 🕐 *Mo u. Do 13–18 Uhr, Di u. Fr 10–16 Uhr, Sa 9–12 Uhr*

45 Salford

In **Salford**, einem sich um Manchester
ziehenden Arbeiterbezirk, betrieb
die Familie Engels eine Baumwollspinnerei. In der Stadt recherchierte Friedrich Engels auch für sein Buch *Die Lage
der arbeitenden Klasse in England*. Hier
waren die Zustände und Behausungen
für die Arbeiter noch schlechter als in
Manchester. Für ein Bier ging er öfter
in die Kneipe *The Red Dragon*, dem
späteren *The Crescent*
(18–21 Crescent,
aktuell geschlos-
sen). In Salford
wird Engels'
Andenken auf
teils skurrile Wei-
se erhalten: Zuerst
wurde ein Hochhausblock
nach ihm benannt, später am *New
Adelphi Building* der Universität eine
Kletterwand in Form seines Bartes
errichtet (siehe nächste Seite). In der
Stadt gibt es jedoch auch die *Working
Class Movement Library*. Dort finden
sich Exponate zu Marx und Engels,
beispielsweise ein Sammelalbum
über Engels' Zeit in Manchester. 2017
zeigte die Bücherei über die beiden
Revolutionäre eine Ausstellung, wozu
es auch eine Broschüre gibt.

Auf den Bart von
Friedrich Engels
klettern!

**WORKING CLASS
MOVEMENT LIBRARY**

◎ *51 Crescent, Salford M5 4WX,
England* ⊕ *www.wcml.org.uk*
▯ *+44 1617363601*
✉ *enquiries@wcml.org.uk*
🕐 *Di–Fr 10–17 Uhr, 1. Sa im
Monat 10–16 Uhr, Ausstellung:
Mi–Fr 13–17 Uhr (i.d.R.)*
🐷 *Eintritt Frei*
⊕ *Führung 1. Mi im Monat
14 Uhr, 1. Sa im Monat 11.30 Uhr
(Anmeldung erforderlich)*

◎ *18–21 Crescent, Salford M5 4PF, England*

46 Salzwedel

Jenny von Westphalen, spätere Ehefrau von Karl Marx, wurde am 12. Februar 1814 als Tochter von Caroline
und Ludwig von Westphalen in einem
erhaltenen Wohnhaus in **Salzwedel**
geboren. Drei Tage später wurde sie
dort protestantisch getauft. Sie lebte
zwei Jahre in der Stadt, dann zog ihre
Familie nach Trier. Ihr Geburtshaus,
das heutige *Jenny-Marx-Haus*, behei-
matet neben einer Musikschule auch
ein Museum mit einer Dauerausstellung zu ihrem Leben. Mit historischen
Abbildungen werden dort Eindrücke
ihres Lebensweges vermittelt. Famili-
äre Hintergründe, ihre Rolle als Mutter sowie als Gefährtin ihres Mannes
und als Theaterkritikerin werden
ebenso beleuchtet, wie die Geschichte des *Jenny-Marx-Hauses*. Außen am
Gebäude gibt es eine Plakette, im
Garten verweisen Rosensorten mit
ihrem Züchtungsdatum auf Daten
ihrer Lebensgeschichte. Dort steht
auch eine lebensgroße Bronzestatue
von Jenny Marx. Im Museumsshop
des nahen *Danneil-Museums* An der
Marienkirche 3 gibt es das Buch *Jenny
Marx. Eine couragierte Frau zwischen
Salzwedel und London.*

◎ *Jenny-Marx-Straße 20, 29410
Salzwedel, Deutschland*

JENNY-MARX-HAUS

◎ *Jenny-Marx-Straße 20, 29410 Salzwedel, Deutschland*
⊕ *www.museen-altmarkkreis.de/jenny-marx-
haus-in-salzwedel/* ▯ *03901 423380 (über Danneil-
Museum)* ✉ *info@danneil-museum.de* ◷ *In der Saison
(1. Februar–30. Dezember) Museum: Di–So u. Feiertage 13–17 Uhr; Garten: Mo–Fr 10–12 Uhr, Mo u. Do
13–16 Uhr, Di 13–17.30 Uhr, Fr 13–14.30 Uhr*
🪙 *1 Euro (Öffnungs-Automat)*

 47 St. Wendel

Helena (Lenchen) Demuth wurde am 31. Dezember 1820 in St. Wendel geboren. Sie lebte Jahrzehnte als Haushälterin mit Karl Marx und seiner Familie. Später war sie Haushälterin von Friedrich Engels, dem sie auch half, den schriftlichen Nachlass von Marx zu ordnen. In St. Wendel gibt es eine Bronzestatue von ihr. Sie wird als schwangere Frau dargestellt, in der Hand hält sie ein Porträt von Marx.

⊙ Balduinstraße 60, 66606 St. Wendel, Deutschland

48 Templin

In Templin steht ein Gedenkstein für Karl Marx. Unter seinem goldenen Konterfei befindet sich die Inschrift: „Die Theorie wird zur materiellen Gewalt – wenn sie die Massen ergreift."

⊙ Kreuzung Röddeliner Straße/Parkstraße, 17268 Templin, Deutschland

49 Ventnor

Karl Marx kämpfte mit vielen Krankheiten. Er besuchte mehrmals die Isle of Wight zur Besserung seiner angeschlagenen Gesundheit. An einem Haus in Ventnor gibt es eine Plakette, die an seine dortigen Aufenthalte erinnert. Die Inschrift der Plakette lautet: „Karl Marx – Socialist Philosopher – lived here during the winters of 1881–2 and '82–3."

⊙ St Boniface Gardens, Ventnor PO38 1PW, England

50 Wandlitz

In **Wandlitz** gibt es eine Gedenksäule für Karl Marx. Auf einer Seite trägt sie die Inschrift: „Karl Marx – geb. am 5.5.1818 – gest. am 14.3.1883", auf einer anderen Seite: „Der Marxismus ist allmächtig, weil er wahr ist."

⊚ Karl-Marx-Platz, 16348 Wandlitz, Deutschland

51 Werder (Havel)

In **Werder (Havel)** gibt es eine steinerne Stele mit einem Relief und Namenszug von Karl Marx.

⊚ Plantagenplatz, 14542 Werder (Havel), Deutschland

52 Wernigerode

In **Wernigerode** steht das älteste noch erhaltene Denkmal für Karl Marx in Deutschland (siehe nächste Seite). Es wurde am 7. November 1953 eingeweiht. Ein etwas früher errichtetes Denkmal in Dresden existiert nicht mehr. Die Anlage in Wernigerode umfasst eine auf einem Sockel stehende Bronzebüste von Marx. Auf dem Sockel befindet sich auch sein Name als Inschrift. Dahinter steht eine Mauer mit zwei bebilderten Bronzetafeln. Die Büste wurde 1989 vom Sockel gestoßen und anschließend eingelagert. Neun Jahre später wurde sie wieder aufgestellt und bereits kurze Zeit später gestohlen. Einige Tage nach dem Diebstahl wurde die Büste wiedergefunden und erneut aufgestellt.

Das älteste erhaltene Denkmal für Karl Marx in Deutschland.

⊚ Ecke An der Flutrenne / Salzbergstraße, 38855 Wernigerode, Deutschland

 53 Wittenberge

In **Wittenberge** gibt es nahe dem Rathaus einen Gedenkstein für Karl Marx. Unter seinem bronzenen Konterfei steht das Zitat: „Proletarier aller Länder, vereinigt euch."

◎ *Karl-Marx-Platz, 19322 Wittenberge, Deutschland*

◎ *Gasthuisstraat 12, 5301 CC Zaltbommel, Niederlande*

 54 Zaltbommel

Karl Marx, wie auch seine Frau Jenny, besuchten mehrmals Verwandte in **Zaltbommel**. Dort lebte Sophie Presburg, eine Schwester von Marx' Mutter, mit ihrem Mann Lion Philips. Am ehemaligen Wohnhaus erinnert eine Plakette daran: „Karl Marx was vaak te gast in dit huis. In de winter 1863 / 1864 was hij langere tijd hier onder behandeling bij de stadsgeneesheer Dr. A. v. Anrooy." Dann folgt ein Marx-Zitat: „*I allways want myself back to Bommel* is een citaat uit een brief van Karl Marx aan zijn nicht Henriette Sophie." Karl Marx' Cousin Frederik Philips gründete später den Philips-Konzern. Auf dem Dach des Hauses sitzt eine Marx-Figur, in der Hand *Das Kapital*.

 55 Ziesar

In **Ziesar** gibt es ein Denkmal aus Stein mit Konterfei und Namenszug von Karl Marx.

◎ *Ecke Brandenburger Tor / Bahnhofstraße, 14793 Ziesar, Deutschland*

STICHWORT-REGISTER

PERSONEN-REGISTER

Arnim, Bettina von (1785 – 1859)

Deutsche Schriftstellerin und wichtige Vertreterin der deutschen Romantik. Im *Haus der Kulturen der Welt* in Berlin befand sich bis vor einigen Jahren eine Gedenktafel mit ihren Lebensdaten und der Inschrift: „Der literarische *Salon* Bettina von Arnims in deren Haus *In den Zelten 5* war zur damaligen Zeit einer der kulturellen Mittelpunkte Berlins."

Aveling, Edward (1849 – 1898)

Englischer Sozialist, gefragter Redner und letzter Lebensgefährte von Marx' Tochter Eleanor. 1895 ruderte er mit Eleanor, Eduard Bernstein und Friedrich Leßner einige Seemeilen vor den Felsen *Beachy Head* bei Eastbourne. Dort versenkten sie die Urne mit der Asche von Engels im Meer. 1897 heirate er unter falschen Namen und ohne Eleanor zu informieren eine Schauspielerin und führte anschließend ein Doppelleben. Ein Jahr später nahm sich Eleanor das Leben, am 31. März 1898.

Bakunin, Michail (1814 – 1876)

Russischer Revolutionär und einflussreicher Anarchist. Ein bedeutendes Werk war *Gott und der Staat*. Er steuerte einen Text zu den *Deutsch-Französischen Jahrbüchern* bei und übersetzte erstmals das *Kommunistische Manifest* ins Russische. Später führten Grabenkämpfe zwischen Marx und ihm zum Ende der *Internationalen Arbeiterassoziation*. Auf dem Bremgartenfriedhof in Bern kann sein Grabmal besichtigt werden.

Bauer, Edgar (1820 – 1886)

Deutscher Schriftsteller und Aktivist. Sein älterer Bruder Bruno Bauer und er waren bedeutende *Junghegelianer* sowie Mitglieder im Berliner *Doktorklub* und der Gruppe der *Freien*. Mit der Schrift *Die heilige Familie, oder Kritik der kritischen Kritik. Gegen Bruno Bauer & Consorten* distanzierten sich Marx und Engels von deren Theorie. Später begab sich Edgar Bauer mit Wilhelm Liebknecht und Marx auf eine verrückte Kneipentour in London. Betrunken beleidigten sie eine Gruppe Engländer, warfen mit Steinen auf Gaslaternen und flohen anschließend vor der Polizei.

Beethoven, Ludwig van (1770 – 1827)

Deutscher Komponist und Pianist, der als Wegbereiter der Romantik gilt. Wie es von Karl Marx Ampelmännchen in Trier gibt, so gibt es auch Beethoven-Ampeln in Bonn.

Benjamin, Walter (1892 – 1940)

Deutscher Philosoph und Kulturkritiker. An seinem Sterbeort im katalanischen Portbou erinnern ein Gedenkstein auf dem Friedhof und die Denkmalinstallation *Passagen* an ihn. Im ehemaligen Wohnhaus von Marx in Berlin befindet sich das *Walter-Benjamin-Archiv* mit seinem Nachlass.

Bernstein, Eduard (1850 – 1932)

Deutscher sozialdemokratischer Politiker und Theoretiker, der in Kontakt mit Friedrich Engels stand. 1895 war er auch dabei, als die Urne mit Engels´ Asche vor der englischen Küste im Meer versenkt wurde. Bernsteins Grab auf dem Friedhof Eisackstraße in Berlin war von 1952 bis 2010 ein Ehrengrab, seit 2016 ist es das erneut.

Bismarck, Otto von (1815 – 1898)

Deutscher Politiker, der maßgeblich an der Gründung des *Deutschen Reiches* beteiligt war, in dem er von 1871 bis 1890 der erste Reichskanzler war. In Fürstenwalde (Spree) wurde ein ehemaliges Bismarck-Denkmal umgewidmet. Heute ehrt es Karl Marx.

Blake, William (1757 – 1827)

Englischer Dichter und Künstler. Auf dem Wandgemälde *Spirit of Soho* in London wurde er neben Karl Marx verewigt.

Börnstein, Heinrich (1805 – 1892)

Deutscher, US-amerikanischer und österreichischer Schriftsteller und Verleger. Er gründete in Paris das deutschsprachige Wochenblatt *Vorwärts!*, für das Marx und Engels schrieben.

Bürgers, Heinrich (1820 – 1878)

Deutscher Journalist und Politiker, der in Köln im *Bund der Kommunisten* und an der von Marx und Engels gegründeten *Neuen Rheinischen Zeitung* mitarbeitete.

Burns, Lydia / später Engels (1827 – 1878)

Irische Arbeiterin und Unterstützerin des irischen Freiheitskampfes, jüngere Schwester von Mary Burns und spätere Frau von Friedrich Engels.

Burns, Mary (1821 – 1863)

Irische Arbeiterin, ältere Schwester von Lydia Burns und langjährige Lebensgefährtin von Friedrich Engels. Durch sie lernte Engels die englischen Arbeiterslums kennen.

Burns bzw. Byrne, Michael (*um 1790)

In Irland geborener Färber, Fabrikarbeiter und Vater von Lydia und Mary Burns.

Casanova, Giacomo (1725 – 1798)

Venezianischer Abenteurer, der als Inbegriff des Frauenhelden gilt. Das Londoner Wandgemälde *Spirit of Soho* zeigt ihn neben Marx.

Chenggang, Zeng (*1960)

Chinesischer Künstler und Hochschulprofessor, der das *Friedrich-Engels-Denkmal* in Wuppertal geschaffen hat.

....

Christie, Agatha (1890–1976)

Englische Schriftstellerin, an die auf einer Plakette im englischen Harrogate erinnert wird. Auf derselben Plakette findet auch Karl Marx Erwähnung.

....

Collins, Phil (*1970)

Englischer Künstler, der eine *Friedrich-Engels-Statue* vom ukrainischen Poltava ins englische Manchester holte. Nicht zu verwechseln mit dem gleichnamigen Musiker.

....

Conroy, Mary / später Burns

Mutter von Lydia und Mary Burns, den Lebensgefährtinnen von Engels.

....

Cook, Peter (1937–1995)

Englischer Komiker, an den eine Plakette am ehemaligen Treffpunkt der *Internationalen Arbeiterassoziation* in London erinnert.

Cornelys, Teresa (1723–1797)

Italienische Opernsängerin und Unternehmerin. Sie wurde auf dem Wandgemälde *Spirit of Soho* in London verewigt – neben Karl Marx.

....

Demuth, Helena (1820–1890)

Langjährige Haushälterin von Karl Marx, nach dessen Tod sie den Haushalt von Friedrich Engels führte. Engels half sie auch, den schriftlichen Nachlass von Marx zu ordnen. An sie erinnert eine Bronzestatue in ihrer Geburtsstadt St. Wendel. Beerdigt ist sie in der Grabstätte von Karl Marx auf dem *Highgate Cemetery*.

....

Dronke, Ernst (1822–1891)

Deutscher Schriftsteller und Publizist, der Mitglied im *Bund der Kommunisten* war und an der *Neuen Rheinischen Zeitung* in Köln mitarbeitete.

....

Engelhardt, Ludwig (1924–2001)

Deutscher Bildhauer und Mitgestalter des Berliner *Marx-Engels-Forums*, von dem auch der Entwurf für das zehn Tonnen schwere Denkmal stammte.

Engels, Caspar (1753 – 1821)

Großvater von Friedrich Engels, der die Firma von Caspar Engels Senior fortführte. Er war im Pietismus verwurzelt und ein Finanzier der *Unterbarmer Hauptkirche*.

Er war Mitbegründer der Firma *Ermen & Engels*, die Baumwollspinnereien in Manchester und Engelskirchen errichtete. Er unterstützte finanziell den Bau der *Unterbarmer Hauptkirche*.

Engels, Friedrich (1820 – 1895)

Deutscher Revolutionär, Protagonist der Arbeiterbewegung und zusammen mit Karl Marx der einflussreichste Theoretiker des Sozialismus und Kommunismus. Er wurde in Barmen (Wuppertal) geboren, lebte in verschiedenen westeuropäischen Städten und starb in London.

Engels Senior, Caspar (1715 – 1787)

Urgroßvater von Friedrich Engels, auf den das Anwesen der Familie im Tal der Wupper zurückgeht. Er kam mit beginnender Industrialisierung nach Barmen, um eine Bleicherei und einen Garnhandel zu gründen.

Engels Senior, Friedrich (1796 – 1860)

Deutscher Fabrikant der Textilindustrie und Vater von Friedrich Engels.

Franklin, Benjamin (1706 – 1790)

Einer der Gründerväter der Vereinigten Staaten von Amerika. Er besuchte in Paris das *Café de la Régence*, in dem später die Zusammenarbeit von Karl Marx und Friedrich Engels begann.

Freiligrath, Ferdinand (1810 – 1876)

Deutscher Dichter, der in Brüssel Marx kennenlernte und zu den Gründungsmitgliedern des *Kommunistischen Korrespondenz-Komitees* zählte. Er war Mitglied im *Bund der Kommunisten* und der Redaktion der *Neuen Rheinischen Zeitung*, wo er unter anderem ein lyrisches Abschiedswort veröffentlichte. Sein Geburtshaus in Detmold schmückt eine Gedenktafel, ein Denkmal gibt es in Remagen und in Stuttgart auf dem Friedhof *Uffkirchhof* sein Grab mit Büste.

Goethe, Johann Wolfgang von (1749 – 1832)

Einer der bedeutendsten deutschen Dichter. Die *Transparente Weltkugel* in Potsdam besteht aus zwei sich kreuzenden Zitaten: Eines stammt von ihm, eines von Marx.

Gottschalk, Andreas (1815 – 1849)

Deutscher Armenarzt und Aktivist der Arbeiterbewegung. Am 3. März 1848, dem Tag des *Kölner Fenstersturzes*, war er einer der Organisatoren und Wortführer der Massenversammlung. In Köln gehörte Gottschalk dem *Bund der Kommunisten* an. Er war Gründer und anschließender Vorsitzender des *Kölner Arbeitervereins*.

Haar, Elisabeth van / später Engels (1797 – 1873)

Mutter von Friedrich Engels und Frau von Friedrich Engels Senior.

Hegel, Georg Wilhelm Friedrich (1770 – 1831)

Deutscher Philosoph und wichtigster Vertreter des deutschen Idealismus. Nach seinem Tod teilten sich seine Anhänger in konservative *Althegelia-ner* und radikalkritische *Junghegelia-ner*. Die *Althegelianer* sahen in Hegel einen preußischen Staatsphilosophen, die *Junghegelianer* hingegen leiteten Gesellschafts- und Religionskritik aus seinem dialektischen Prinzip ab.

Heine, Heinrich (1797 – 1856)

Einer der bedeutendsten deutschen Dichter des 19. Jahrhunderts. In Paris wurde er ein enger Freund von Karl Marx, mit dem er auch entfernt verwand war. Dort steuerte Heine auch Texte für die *Deutsch-Französischen Jahrbücher* und das Wochenblatt *Vorwärts!* bei. In Düsseldorf gibt es das *Heinrich-Heine-Institut*, mit Museum.

Hess bzw. Heß, Moses (1812 – 1875)

Deutscher Philosoph und Frühsozialist. Seine frühen Schriften *Die Heilige Geschichte der Menschheit* und *Die europäische Triarchie* brachten ihm den Ruf ein, einer der ersten deutschen Kommunisten zu sein. Er war Mitbegründer und Redakteur der *Rheinischen Zeitung*, schrieb für die *Deutsch-Französischen Jahrbücher*, war Gründungsmitglied des *Kommunistischen Korrespondenz-Komitees* und organisierte in Elberfeld mit Friedrich

Engels die ersten kommunistischen Versammlungen Deutschlands. Später wandte er sich vornehmlich jüdischen Themen zu.

Honecker, Erich (1912 – 1994)

Führender Politiker der DDR, dem Udo Lindenberg 1987 vor dem *Engels-Haus* in Wuppertal eine Gitarre überreichte.

Hrdlicka, Alfred (1928 – 2009)

Österreichischer Bildhauer, der die über drei Meter hohe Skulptur *Die starke Linke* schuf. Das 1981 vor dem *Engels-Haus* in Wuppertal eingeweihte Denkmal zeigt mehrere Personen, die sich von ihren Ketten befreien.

Hübsch, Heinrich (1795 – 1863)

Deutscher Architekt, nach dessen Plänen die *Unterbarmer Hauptkirche* im heutigen Wuppertal errichtet wurde.

Jones, Ernest (1819 – 1869)

Englischer Rechtsanwalt und Führungspersönlichkeit der *Chartisten*. Er stand in engem Kontakt mit Marx und Engels und gab die Zeitungen *Notes to The People* und *People's Paper* heraus. Jones gehörte zusammen mit George Julian Harney zu den Protagonisten des linken Chartisten-Flügels. Er war Mitglied der Manchester Sektion der *Internationalen Arbeiterassoziation*.

Kierkegaard, Søren (1813 – 1855)

Bedeutender dänischer Philosoph und religiöser Schriftsteller. Wie Marx und Engels besuchte auch er die Philosophievorlesungen der Berliner *Friedrich-Wilhelms-Universität*. Er wohnte zeitweise in dem Gebäude, in dem sich auch das *Café Stehely* befand. Daran erinnert heute eine Gedenktafel.

Köhler, Gottlieb

Gastwirt, bei dem Karl Marx im Sommer 1837 in Alt-Stralau unterkam.

Kolmar, Gertrud (1894 – 1943)

Deutsche Lyrikerin und Schriftstellerin. In der *Museum Galerie Falkensee*, in deren Garten eine Karl-Marx-Büste steht, werden ihre Lebensgeschichte und ihr Werk gezeigt.

Kolz, Johannes

Künstler und Comiczeichner aus Trier, der das Marx-Ampelmännchen entworfen hat.

....

Lafargue, Paul (1842 – 1911)

Französischer Sozialist, Arzt und Schwiegersohn von Karl Marx. Als bedeutender Protagonist der Arbeiterbewegung engagierte er sich in der *Internationalen Arbeiterassoziation* und der *Pariser Kommune*. 1889 eröffnete er in Paris den *Internationalen Arbeiterkongress*, auf dem die *Zweite Internationale* gegründet wurde. Ein bedeutendes Werk von ihm war *Das Recht auf Faulheit*. Lafargue war mit Marx' mittlerer Tochter Laura verheiratet, mit der er sich 1911 gemeinsam das Leben nahm.

....

Lammert, Will (1892 – 1957)

Deutscher Bildhauer, der die *Karl-Marx-Büste* am Strausberger Platz in Berlin schuf.

....

Lenin, Wladimir Iljitsch (1870 – 1924)

Russischer Revolutionär, Politiker und Gründer der Sowjetunion. 1895 studierte Lenin in der *Königlichen Bibliothek* in Berlin die Schriften von Marx und Engels. Von April 1902 bis Mai 1903 arbeitete er im Gebäude der heutigen *Marx Memorial Library* in London, wo heute auch ein Raum an ihn erinnert. 1911 hielt er in Paris eine Rede am Grab von Marx´ mittlerer Tochter Laura und ihrem Mann Paul Lafargue.

....

Leonardo da Vinci (1452 – 1519)

Italienischer Maler, Bildhauer und Naturphilosoph. Er gilt als einer der bedeutendsten Universalgelehrten. Eines seiner bekanntesten Werke ist das Ölgemälde *Mona Lisa*, das im Pariser *Louvre* hängt.

....

Leßner, Friedrich (1825 – 1910)

Deutscher Sozialist und Schneider. Er war Mitglied im *Bund der Kommunisten* und für den Druck des *Kommunistischen Manifests* verantwortlich. Im *Kölner Kommunistenprozess* wurde er zu drei Jahren Festungshaft verurteilt. Später wurde er Mitglied im Generalrat der *Internationalen Arbeiterassoziation*. Er war auch dabei, als die Urne mit Engels´ Asche im Meer versenkt wurde. In seiner Geburtsstadt Blankenhain wurde ein Gedenkstein für ihn errichtet.

....

Liebknecht, Karl (1871 – 1919)

Deutscher Revolutionär und Mitgründer der *Kommunistischen Partei Deutschlands* (KPD). In Berlin wurde der *Grundstein eines Denkmals für Karl Liebknecht* aufgestellt, am *Neuer Marstall* befindet sich neben einem Bronzerelief von Marx auch eines von ihm. Unter anderem in Luckau gibt es ein großes Denkmal ihm zu Ehren. Er wurde als Sohn von Wilhelm Liebknecht in Leipzig geboren, Marx und Engels waren seine Taufpaten. Am Geburtshaus, dem heutigen *Liebknecht-Haus*, ist neben dem Stadtverband der Linkspartei heute auch eine Gedenkstätte untergebracht. Eine Plakette am Haus erinnert an einen Besuch von Karl Marx.

....

Liebknecht, Wilhelm (1826 – 1900)

Deutscher Politiker, Vater von Karl Liebknecht und bedeutende Führungspersönlichkeit der Sozialdemokratie. Er nahm aktiv an den revolutionären Kämpfen von 1848/49 teil.

Im Londoner Exil trat er dem *Bund der Kommunisten* bei und stand in engem Kontakt mit Marx und Engels. Dort begab er sich mit Marx und Edgar Bauer auch auf eine verrückte Kneipentour. In Gießen erinnert eine Bronzetafel am ehemaligen Standort seines Geburtshauses an ihn.

....

Lindenberg, Udo (*1946)

Deutscher Musiker und Maler, der 1987 vor dem *Engels-Haus* in Wuppertal Erich Honecker eine Gitarre überreichte.

....

Lissagaray, Prosper-Olivier (1838 – 1901)

Französischer Journalist, Aktivist der *Pariser Kommune* und langjähriger Verlobter von Marx´ jüngster Tochter Eleanor. Ein bedeutendes Werk von ihm war die *Geschichte der Kommune von 1871*. Eleanor übersetzte die Schrift ins Englische.

....

Louis-Philippe I. (1773 – 1850)

Französischer König, der bekannt wurde als der *Bürgerkönig*. Er regierte zu der Zeit, als Karl Marx in Paris lebte.

Longuet, Charles (1839 – 1903)

Französischer Sozialist, Journalist und Schwiegersohn von Karl Marx. Er war unter anderem Delegierter der *Internationalen Arbeiterassoziation* und Mitglied der *Pariser Kommune*. Nach deren Niederschlagung floh er nach England. Dort heiratete er 1872 Jenny, die älteste Tochter von Karl Marx. Später zogen sie nach Frankreich. An Marx´ Begräbnis verlas Charles Longuet eingegangene Adressen von russischen, französischen und spanischen Sozialisten. Er selbst wurde auf dem Friedhof *Père Lachaise* in Paris beerdigt.

Ludwig I. (1786 – 1868)

König von Bayern bis zum Revolutionsjahr 1848. Heinrich Heine verspottete ihn in Marx´ *Deutsch-Französischen Jahrbüchern* mit den *Lobgesängen auf König Ludwig*.

Luther, Martin (1483 – 1546)

Augustinermönch und Theologieprofessor. Die Veröffentlichung seiner 95 Thesen im Jahr 1517 gilt als Beginn der Reformation. Wie es von Karl Marx Ampelmännchen in Trier gibt, so gibt es auch Luther-Ampeln in Worms.

Marx, Eleanor (1855 – 1898)

Jüngste Tochter von Karl Marx, die in London geboren wurde. Eleanor begleitete ihren Vater zu mehreren Kurreisen und unterstützte ihn umfangreich bei seiner Arbeit. Nach seinem Tod half sie Engels bei der Sichtung des Nachlasses. Auch arbeitete sie als Übersetzerin an Marx´ Schriften. Später wurde Eleanor selbst eine bedeutende Aktivistin der Arbeiterbewegung, zum Beispiel engagierte sie sich beim Streik der englischen Dockarbeiter. Ihr langjähriger Verlobter war Prosper-Olivier Lissagaray. Es folgte eine Beziehung zu Edward Aveling.

Marx, Heinrich (1777 – 1838)

Anwalt und Justizrat, Vater von Karl Marx und Mann von Henriette Presburg.

Marx, Jenny / später Longuet (1844 – 1883)

Älteste Tochter von Karl Marx, die in Paris geboren wurde. Sie war mit dem französischen Sozialisten Charles Longuet verheiratet, mit dem sie auch mehrere Kinder hatte. Jenny setzte sich beispielsweise in der französischen Zeitung *Marseillaise* mit zwei Artikeln für irische Gefangene ein.

Marx, Karl (1818 – 1883)

Deutscher Revolutionär, Protagonist der Arbeiterbewegung und zusammen mit Friedrich Engels der einflussreichste Theoretiker des Sozialismus und Kommunismus. Er wurde in Trier geboren, lebte anschließend in verschiedenen westeuropäischen Städten und starb in London.

Marx, Laura / später Lafargue (1845 – 1911)

Mittlere Tochter von Karl Marx, die in Brüssel geboren wurde. Laura heiratete den französischen Sozialisten Paul Lafargue, ihr Trauzeuge war Friedrich Engels. Das Ehepaar verlor mehrere Kinder. Laura und Paul Lafargue waren in der Arbeiterbewegung aktiv und übersetzten gemeinsam das *Kommunistische Manifest* ins Französische.

Marx, Sophia / später Schmalhausen (1816 – 1886)

Schwester und Vertraute von Karl Marx. Sie lebte in Maastricht, wo Marx sie auch besuchte.

Meissner, Otto (1819 – 1902)

Deutscher Verleger, der *Das Kapital* von Karl Marx herausgegeben hat. Er ist der Gründer des Hamburger *Otto Meissner Verlags*.

Melly, George (1926 – 2007)

Englischer Jazz-Sänger, der neben Marx auf dem Wandgemälde *Spirit of Soho* in London verewigt wurde.

Napoleon I. bzw. Napoleon Bonaparte (1769 – 1821)

Kaiser der Franzosen, der den *Code civil*, das französische Gesetzbuch zum Zivilrecht, einführte.

Owen, Robert (1771 – 1858)

Walisischer Frühsozialist und Vordenker des Genossenschaftswesens. Als Unternehmer setzte er sich für die Verbesserung der Arbeits- und Lebensbedingungen ein. Im schottischen New Lanark baute Owen eine große Baumwollspinnerei zu einem Musterbetrieb aus. Er senkte die Arbeitszeit, führte eine Art Krankenversicherung für die Arbeiter ein und bot ihnen bezahlbare Mietwohnungen und günstige Waren im Dorfladen an. Die ehemalige Musterkolonie mit dem *Robert Owen's House* kann im *New Lanark World Heritage sites* besichtigt werden. In seiner walisischen Geburtsstadt Newtown gibt es ein *Robert Owen Museum*.

Philips, Lion (1794 – 1866)

Niederländischer Fabrikant und Mann von Sophie Presburg, der jüngeren Schwester von Marx´ Mutter.

Philips, Frederik (1830 – 1900)

Niederländischer Industrieller, Gründer des Philips-Konzerns und Cousin von Karl Marx.

Pieck, Wilhelm (1876 – 1960)

Deutscher Politiker und von 1949 bis 1960 Präsident der DDR. Neben dem ehemaligen Wohnhaus von Karl Marx in Berlin erinnert eine Plakette an ihn.

Presburg, Henriette / später Marx (1788 – 1863)

Mutter von Karl Marx und Frau von Heinrich Marx, die in Nimwegen geboren wurde. Dort erinnert eine Plakette an ihr ehemaliges Haus.

Presburg, Sophie / später Philips (1792 – 1854)

Jüngere Schwester von Marx´ Mutter Henriette Presburg und Frau von Lion Philips. Karl Marx besuchte sie im niederländischen Zaltbommel.

Presley, Elvis (1935 – 1977)

US-amerikanischer Musiker und Schauspieler. Einer der bedeutendsten Vertreter der Rock- und Popkultur des 20. Jahrhunderts. Wie es von Karl Marx Ampelmännchen in Trier gibt, so gibt es auch Elvis-Ampeln in Friedberg.

Proudhon, Pierre-Joseph (1809 – 1865)

Französischer Ökonom, Soziologe und Vordenker des französischen Sozialismus. Ein bedeutender Ausspruch von ihm war „Eigentum ist Diebstahl" aus dem Werk *Qu'est-ce que la propriété?* Karl Marx kritisierte Unzulänglichkeiten seiner Theorie sowie moralisierende Betrachtungsweisen und verfasste die gegen ihn gerichtete Schrift *Das Elend der Philosophie. Antwort auf Proudhons „Philosophie des Elends".* Auf dem Friedhof *Cimetière Montparnasse* in Paris befindet sich sein großes Grabmal.

Reusche, Guido Albert

Besitzer der Leipziger Druckerei, in der 1885 der zweite Band von *Das Kapital* gedruckt wurde.

Rommel, Gerhard (1934 – 2014)

Deutscher Maler und Bildhauer, der das *Karl-Marx-Relief* am *Neuer Marstall* in Berlin geschaffen hat.

Rousseau, Jean-Jacques (1712 – 1778)

Schweizer Schriftsteller und Philosoph sowie Wegbereiter der *Französischen Revolution*. Er war Besucher des *Café de la Régence* in Paris, in dem die Freundschaft von Marx und Engels begann.

Rubens, Peter Paul (1577 – 1640)

Flämischer Maler und Diplomat. In den Brüsseler *Musées Royaux des Beaux-Arts de Belgique* finden sich Gemälde von ihm.

Ruge, Agnes (1814 – 1899)

Frau von Arnold Ruge, die in Paris mit den Eheleuten Marx und anderen in einer besonderen Wohngemeinschaft ein „Stück Communismus" leben wollte. Das Experiment missglückte. Nur die Eheleute Marx und Ruge zogen zusammen in ein Haus. Nach Streitigkeiten zogen die Ruges wieder aus.

Ruge, Arnold (1802 – 1880)

Deutscher Schriftsteller und bekannter *Junghegelianer*, der mit Karl Marx in Paris die *Deutsch-Französischen Jahrbücher* herausgab.

Saint-Simon, Henri de (1760 – 1825)

Bedeutender französischer Sozialphilosoph und Frühsozialist, auf dessen Lehre sich der *Saint-Simonismus* berief. Sein Prinzip „Jeder nach seinen Fähigkeiten, jede Fähigkeit nach ihren Leistungen" veränderte Marx später in „Jeder nach seinen Fähigkeiten, jedem nach seinen Bedürfnissen". Sein Grab liegt auf dem Friedhof *Père Lachaise* in Paris.

Schmitz, Dr. Richard

Arzt von Karl Marx in der *Villa Schmitz* in Neuenahr, dem heutigen Bad Neuenahr.

Shakespeare, William (1564 – 1616)

Englischer Dramatiker, dessen Werke zu den bedeutendsten der Weltliteratur gehören. Ludwig von Westphalen machte Karl Marx mit seinem Werk vertraut.

Strauss, Johann (1804 – 1849)

Österreichischer Komponist, Kapellmeister und Vater des gleichnamigen *Walzerkönigs* Johann Strauss. Am Gebäude des ehemaligen *German Hotel* in London, in dem auch Karl Marx eine Zeit lang unterkam, erinnert eine Plakette an ihn.

Thomas, Dylan (1914 – 1953)

Walisischer Dichter und Schriftsteller, an den auf dem Wandgemälde *Spirit of Soho* in London neben Marx erinnert wird.

Voltaire, François-Marie Arouet (1694 – 1778)

Französischer Schriftsteller, Philosoph und einer der bedeutendsten Autoren der Aufklärung. Voltaire war Gast im *Café de la Régence* in Paris, in dem sich später Marx und Engels anfreundeten.

Waalkes, Otto (*1948)

Deutscher Komiker. Wie es von Karl Marx Ampelmännchen in Trier gibt, so gibt es auch Otto- und Ottifanten-Ampeln in Emden.

Weerth, Georg (1822 – 1856)

Deutscher Schriftsteller und laut Engels der erste und bedeutendste Dichter des deutschen Proletariats. Weerth war im *Bund der Kommunisten*, im Vorstand der *Association Démocratique* und Gründungsmitglied des *Kommunistischen Korrespondenz-Komitees*, für das er auch Kurierdienste übernahm. In Köln leitete er das Feuilleton der *Neuen Rheinischen Zeitung*. Er starb in Havanna, Kuba. Dort erinnert heute eine Gedenktafel an ihn.

Weishan, Wu (*1962)

Chinesischer Bildhauer und Direktor des *Chinesischen Kunstmuseums*. Er erstellte die *Karl-Marx-Statue*, die China der Stadt Trier schenkte.

Weitling, Wilhelm (1808 – 1871)

Deutscher Frühsozialist mit christlichen Überzeugungen und Schneidergeselle. Weitling war ein früher deutscher Theoretiker des Kommunismus. Sein Hauptwerk war *Garantien der Harmonie und Freiheit.* Er wurde Mitglied im *Bund der Geächteten*, aus dem mit seiner Unterstützung der *Bund der Gerechten* hervorging – der Vorläufer des *Bundes der Kommunisten.* Karl Marx brach später mit ihm.

Westphalen, Jenny von / später Marx (1814 – 1881)

Deutsche Sozialistin und Frau von Karl Marx, die ihn bei seiner Arbeit maßgeblich unterstützte. Selbst verfasste sie beispielsweise auch Theaterkritiken.

Westphalen, Ludwig von (1770 – 1842)

Preußischer Regierungsrat von Trier und Vater von Jenny von Westphalen. Er machte Marx mit klassischer griechischer Literatur, Shakespeare und den Gedanken des Frühsozialisten Henri de Saint-Simon vertraut.

Wigand, Otto (1795 – 1870)

Deutscher Verleger. Der erste Band von *Das Kapital* wurde 1867 in der Leipziger *Buchdruckerei Otto Wigand* gedruckt.

Wyttenbach, Johann Hugo (1767 – 1848)

Deutscher Gymnasialdirektor in Trier, der großen Einfluss auf Karl Marx hatte.

Wolff, Ferdinand (1812 – 1905)

Deutscher Journalist, der an der von Karl Marx und Friedrich Engels gegründeten *Neuen Rheinischen Zeitung* in Köln mitarbeitete. Er war auch Mitglied im *Bund der Kommunisten.*

Wolff, Wilhelm (1809 – 1864)

Schlesischer Privatlehrer und Publizist. Er war Mitbegründer des *Bundes der Kommunisten*, Sekretär im *Kommunistischen Korrespondenz-Komitee*, Redner im *Deutschen Arbeiterverein* und Redakteur der *Neuen Rheinischen Zeitung.* Karl Marx widmete ihm den ersten Band von *Das Kapital*: „Gewidmet meinem unvergeßlichen Freunde dem kühnen, treuen, edlen Vorkämpfer des Proletariats – Wilhelm Wolff."

SCHRIFTENREGISTER

Ausgewählte Schriften von Karl Marx und Friedrich Engels, die unter *www.mlwerke.de/me/default.htm* gelesen werden können:

Zur Kritik der Hegelschen Rechtsphilosophie (1844, Marx)

Umrisse zu einer Kritik der Nationalökonomie (1844, Engels)

Die heilige Familie, oder Kritik der Kritischen Kritik (1844, Marx & Engels)

Die Lage der arbeitenden Klasse in England (1845, Engels)

Thesen über Feuerbach (1845, Marx)

Die deutsche Ideologie (1846, Marx & Engels)

Das Elend der Philosophie (1847, Marx)

Manifest der Kommunistischen Partei (1848, Marx & Engels)

Lohnarbeit und Kapital (1849, Marx)

Die Klassenkämpfe in Frankreich 1848 bis 1850 (1850, Marx)

Der achtzehnte Brumaire des Louis Bonaparte (1852, Marx)

Grundrisse der Kritik der politischen Ökonomie (1858, Marx)

Zur Kritik der politischen Ökonomie (1859, Marx)

Inauguraladresse der Internationalen Arbeiterassoziation (1864, Marx)

Das Kapital, Band 1: Der Produktionsprocess des Kapitals (1867, Marx)

Der Bürgerkrieg in Frankreich (1871, Marx)

Kritik des Gothaer Programms (1875, Marx)

Herrn Eugen Dühring's Umwälzung der Wissenschaft (1878, Engels)

Die Entwicklung des Sozialismus von der Utopie zur Wissenschaft (1880, Engels)

Der Ursprung der Familie, des Privateigenthums und des Staats (1884, Engels)

Das Kapital, Band 2: Der Cirkulationsprocess des Kapitals (1885, Marx, hrsg. Engels)

Dialektik der Natur (1886, Engels)

Das Kapital, Band 3: Der Gesammtprocess der kapitalistischen Produktion (1894, Marx, hrsg. Engels)

Wir freuen uns über Kritik, Kommentare und Verbesserungsvorschläge, per E-Mail an info@reise-know-how.de. Alle Informationen in diesem Buch sind vom Autor mit größter Sorgfalt gesammelt und vom Lektorat des Verlages gewissenhaft bearbeitet und überprüft worden. Da inhaltliche und sachliche Fehler nicht ausgeschlossen werden können, erklärt der Verlag, dass alle Angaben im Sinne der Produkthaftung ohne Garantie erfolgen und dass Verlag wie Autor keinerlei Verantwortung und Haftung für inhaltliche und sachliche Fehler übernehmen. Die Nennung von Firmen und ihren Produkten und ihre Reihenfolge sind als Beispiel ohne Wertung gegenüber anderen anzusehen. Qualitäts- und Quantitätsangaben sind rein subjektive Einschätzungen des Autors und dienen keinesfalls der Bewerbung von Firmen oder Produkten.

Das komplette Programm zum Reisen und Entdecken
Reise Know-How Verlag

- **Reiseführer** – praktische Reisetipps von kompetenten Landeskennern
- **CityTrip** – kompakte Informationen für Städtekurztrips
- **CityTrip**PLUS – umfangreiche Informationen für ausgedehnte Städtetouren
- **InselTrip** – kompakte Informationen für den Kurztrip auf beliebte Urlaubsinseln
- **Wohnmobil-Tourguides** – praktische Reisetipps für Wohnmobil-Reisende
- **Wohnmobil-Tourguide Logbuch** – ein Buch für alles, was auf Fahrten wichtig ist
- **Wanderführer** – exakte Tourenbeschreibungen mit Karten und Anforderungsprofilen
- **KulturSchock** – Orientierungshilfe im Reisealltag
- **Die Fremdenversteher** – kulturelle Unterschiede humorvoll auf den Punkt gebracht
- **Kauderwelsch-Sprachführer** – schnell und einfach die Landessprache lernen
- **Kauderwelsch plus** – Sprachführer mit umfangreichem Wörterbuch
- **world mapping project**™ – aktuelle Landkarten, wasserfest und unzerreißbar
- **Reisetagebuch** – das Journal für Fernweh und Reiselust
- **Edition Reise Know-How** – Geschichten, Reportagen und Abenteuerberichte

Reisen? We know how!

Zu Hause und unterwegs – intuitiv und informativ

▶ www.reise-know-how.de

- **Immer und überall** bequem in unserem Shop einkaufen
- Mit **Smartphone, Tablet** und **Computer** die passenden Reisebücher und Landkarten finden
- **Downloads** von Büchern, Landkarten und Audioprodukten
- Alle **Verlagsprodukte** und **Erscheinungstermine** auf einen Klick
- **Online** vorab in den Büchern **blättern**
- Kostenlos **Informationen, Updates** und **Downloads** zu weltweiten Reisezielen abrufen
- **Newsletter** anschauen und abonnieren
- Ausführliche **Länderinformationen** zu fast allen Reisezielen

1 Aken

2 Amsterdam

3 Argenteuil

4 Bad Kreuznach

5 Bad Neuenahr-
Ahrweiler

6 Blankenfelde-
Mahlow

7 Bonn

8 Brandenburg an
der Havel

9 Bremen

10 Brighton

11 Chemnitz

12 Coswig (Anhalt)

13 Dessau-Roßlau

14 Döbeln

15 Eisenhüttenstadt

16 Elsterwerda

17 Engelskirchen

18 Eastbourne

19 Falkensee

20 Frankfurt (Oder)

21 Fürstenwalde (Spree)

22 Grevesmühlen

23 Hamburg

24 Harrogate

25 Jena

26 Karlsbad

27 Kassel

28 Leipzig

29 Löwenberger Land

30 Ludwigsfelde

31 Maastricht

32 Mertesdorf

33 Neubrandenburg

34 Neuhardenberg

35 Neuruppin

36 Nimwegen

37 Osterburg

38 Petershagen /
Eggersdorf

39 Potsdam

40 Premnitz

41 Ramsgate

42 Rathenow

43 Reichenbach im
Vogtland

44 Rudolstadt

45 Salford

46 Salzwedel

47 St. Wendel

48 Templin

49 Ventnor

50 Wandlitz

51 Werder (Havel)

52 Wernigerode

53 Wittenberge

54 Zaltbommel

55 Ziesar